U0600396

洛阳伽蓝记

净土上的烽烟

王文进 编著

江苏凤凰文艺出版社
JIANGSU PHOENIX LITERATURE AND ART PUBLISHING

图书在版编目（CIP）数据

洛阳伽蓝记 ： 净土上的烽烟 / 王文进编著. 南京 ： 江苏凤凰文艺出版社， 2024. 6. -- ISBN 978-7-5594-8786-5

Ⅰ. K928.75； K296.13

中国国家版本馆CIP数据核字第2024XY5184号

著作权合同登记号：10-2024-109

版权所有 © 时报文化出版公司

本书版权经由时报文化出版公司授权北京时代华语国际传媒股份有限公司简体中文版，委托英商安德鲁纳伯格联合国际有限公司代理授权。

非经书面同意，不得以任何形式任意重制、转载。

洛阳伽蓝记 ：净土上的烽烟

王文进　编著

责任编辑　项雷达

图书策划　宁炳辉　马利敏

特约编辑　刘丹羽

装帧设计　时代华语设计组

出版发行　江苏凤凰文艺出版社

南京市中央路 165 号，邮编：210009

网　　址　http://www.jswenyi.com

印　　刷　唐山富达印务有限公司

开　　本　880 毫米 ×1230 毫米　1/32

印　　张　5.25

字　　数　121 千字

版　　次　2024 年 6 月第 1 版

印　　次　2024 年 6 月第 1 次印刷

书　　号　ISBN 978-7-5594-8786-5

定　　价　48.00 元

江苏凤凰文艺版图书凡印刷、装订错误，可向出版社调换，联系电话025-83280257

总序

用经典滋养灵魂

龚鹏程

每个民族都有它自己的经典。经，指其所载之内容足以作为后世的纲维；典，谓其可为典范。因此它常被视为一切知识、价值观、世界观的依据或来源。早期只典守在神巫和大僚手上，后来则成为该民族累世传习、讽诵不辍的基本典籍，或称核心典籍，甚至是“圣书”。

中国文化总体上的经典是六经：《诗》《书》《礼》《乐》《易》《春秋》。依此而发展出来的各个学门或学派，另有其专业上的经典，如墨家有其《墨经》。老子后学也将其书视为经，战国时便开始有人替它作传、作解。兵家则有其《武经七书》。算家亦有《周髀算经》等所谓《算经十书》。流衍所及，竟至喝酒有《酒经》，饮茶有《茶经》，下棋有《弈经》，相鹤相马相牛亦皆有经。此类支流稗末，固然不能与六经相比肩，但它们代表了在各自那一个领域中的核心知识地位，是很显然的。

我国历代教育和社会文化，就是以六经为基础来发展的。直到清末废科举、立学堂以后才产生剧变。但当时新设的学堂虽仿洋制，却仍保留了读经课程，以示根本未隳。辛亥革命后，蔡元培担任教育总长才开始废除读经。接着，他主持北京大学时出现的新文化运动更进一步发起对传统文化的攻击。趋势竟由废弃文言，提倡白话文学，一直走到深入的反传统中去。

台湾的教育发展和社会文化意识，其实也一直以延续五四精神自居，故其反传统气氛及其体现于教育结构中者，与大陆不过程度略异而已，仅是社会中还遗存着若干传统社会的礼俗及观念罢了。后来，台湾才惕然警醒，开始提倡“文化复兴运动”，在学校课程中增加了经典的内容。但不叫读经，乃是摘选“四书”为《中国文化基本教材》，以为补充。另成立“文化复兴委员会”，开始做经典的白话注释，向社会推广。

文化复兴运动之功过，诚乎难言，此处也不必细说，总之是虽调整了西化的方向及反传统的势能，但对社会民众的文化意识，还没能起到普遍警醒的作用；了解传统、阅读经典，也还没成为风气或行动。

20 世纪 70 年代后期，高信疆、柯元馨夫妇接掌了当时台湾第一大报《中国时报》的副刊与出版社编务，针对这个现象，遂策划了《中国历代经典宝库》这一大套书。精选影响人们最为深远的典籍，包括了六经及诸子、文艺各领域的经典，遍邀名家为之疏解，并附录原文以供参照，一时社会震动，风气丕变。

其所以震动社会，原因一是典籍选得精切。不蔓不枝，能体现传统文化的基本匡廓。二是体例确实。经典篇幅广狭不一、深浅悬隔，如《资治通鉴》那么庞大，《尚书》那么深奥，它们跟小说戏曲是截然不同的。如何在一套书里，用类似的体例来处理，很可以看出编辑人的功力。三是作者群涵盖了几乎全台湾的学术精英，群策群力，全面动员。这也是过去所没有的。四是编审严格。大部丛书，作者庞杂，集稿统稿就十分重要，否则便会出现良莠不齐之现象。这套书虽广征名家撰作，但在审定正讹、统一文字风格方面，确乎花了极大气力。再加上撰稿人都把这套书当成是写给自己子弟看的传家宝，写得特别矜慎，成绩当然非其他的书所能比。五是当时高信疆夫妇利用报社传播之便，将出版与报纸媒体做了最好、最彻底的结合，使得这套书成了家喻户晓、众所翘盼的文化甘霖，人人都想一沾法雨。六是当时出版采用豪华的小牛皮烫金装帧，精美大方，辅以雕花木柜。虽所费不赀，却是经济刚刚腾飞时一个中产家庭最好的文化陈设，书香家庭的想象，由此开始落实。许多家庭乃因买进这套书，仿佛种下了诗礼传家的根。

高先生综理编务，辅佐实际的是周安托兄。两君都是诗人，且侠情肝胆照人。中华文化复起、国魂再振、民气方舒，则是他们的理想，因此编这套书，似乎就是一场织梦之旅，号称传承经典，实则意拟宏开未来。

我很幸运，也曾参与到这一场歌唱青春的行列中，去贡献微末。先是与林明峪共同参与黄庆萱老师改写《西游记》的工作，继而再协助安托统稿，推敲是非，斟酌文辞。对整套书说不上有什么助益，自己倒是收获良多。

书成之后，好评如潮，数十年来一再改版翻印，直到现在。经典常读常新，当时对经典的现代解读目前也仍未过时，依旧在散光发热，滋养民族新一代的灵魂。只不过光阴毕竟可畏，安托与信疆俱已逝去，来不及看到他们播下的种子继续发芽生长了。

当年参与这套书的人很多，我仅是其中一员小将。聊述战场，回思天宝，所见不过如此，其实说不清楚它的实况。但这个小侧写，或许有助于今日阅读这套书的读者理解该书的价值与出版经纬，是为序。

致读者书

王文进

亲爱的朋友:

当我们展读古籍，回顾到“五胡乱华”后的南北朝史时，也许会直觉地认为衣冠既已南渡，则中华历史文化的重心，将完全落在“江南佳丽地，金陵帝王州”的建康城上。至于北方，既然陷入其他政权的控制下，必定是笼罩在一片文化的阴霾之中，在文化的程度上，绝对无法和人文荟萃的江南相提并论。

如果用这种褊狭的眼光来看南北朝史，必然无法掌握到中华民族大融合的来龙去脉，也无法了解大唐文化如此灿烂夺目的原因。事实上，在历史的演进中，北朝文化这股巨流的注入是不可忽视的。

因此，只要我们一翻开杨衒之的这本《洛阳伽蓝记》，一定会很快将这种历史视野调整过来。因为我们在这本书中发现，北魏鲜卑族不但将荒废已久的洛阳城，重新建造成一座中国有史以来规模最宏大的都城，并且在城里各项的活动中，更展现着极为缤纷生动的人文色彩。

虽然孝文帝迁都洛阳，施行汉化政策的事迹，备载史籍，为大家所耳熟能详。但是一个都城具体的活动内容及独特的生命，往往不是官方正式的文件所能完全表现出来的。就这一点而言，北魏洛阳城可以说是相当幸运。自孝文帝迁都洛阳至永熙三年（534）东、西魏分裂，短短四十年左右，却能产生一位像杨衒之这样有历史文化感的文人，将洛阳城的都邑建制、街坊市道、风土民情以及帝室纷争的血泪史以极深沉的笔调凝塑起来。反观南朝的建康城：建都达三百余年，却没有一部像杨衒之《洛阳伽蓝记》这样的作品，可以让我们借以去揣摩六朝繁华的轮廓，无怪乎连唐人都会有“六朝如梦鸟空啼”的惋叹了。

杨衒之除了以文字精确地保存了北魏洛阳城的原貌，更可贵的是杨衒之在书中还一再流露出无畏史家的批判精神。此书写就之际，正是高氏家族准备篡位东魏孝静帝的时候。杨衒之在书中对尔朱氏当年在洛阳喋血宫廷的下场，一再施以重笔，应有春秋大义存焉。只要翻诸魏收的《魏书》，就可对照出杨衒之的风骨嶙峋。

正因为杨衒之具有这种无畏的道德精神、巨细靡遗的观察力以及优美的文笔，当看到这座中国有史以来最大的都城“京城表里，凡有一千余寺，今日寥廓，钟声罕闻”，他预感到这场繁华可能即将化成灰烬，顿时涌起沉重的历史感，“恐后世无传，故撰斯记”，想紧紧地将这些文明的面貌留住。于是借着记伽蓝寺庙为名，详尽地记录了洛阳城的一切；却又在客观记录之中不时地加上自己对洛阳城这段历史的回忆和批判，终于使得这本书在客观记录之中，另外还回荡着一种缠绵悱恻的声音。因此，这本书可以说是兼具地志的正确、历史的批判和文学的优美三种特质。也只有这种丰富性，才能帮助我们完整地掌握北朝文化的真相，进而全面了解往后南北文化是通过怎样的基础来完成一次伟大的融合。

目录

目录

第一章 导论篇

第一节　序曲

1764 年 10 月 15 日，18 世纪英国伟大的历史学家——吉本（Edward Gibbon）旅行到史迹斑驳的罗马古城中，立刻被四面八方涌来的沧桑所包围。他走过罗马元老院的每一个台阶，就想到杜雷（Tulley）演讲时的风采，想到恺撒被刺时的眼神；尤其当他听到朱庇特的神庙中传来赤足唱诗班的咏赞之歌时，心中一直激荡不已。终于，那本史学经典巨作——《罗马帝国衰亡史》——的底稿就这样闪现在这位大师的脑海中。[①]

547 年——“武定五年，岁在丁卯”——这时中国的历史已演进到南北朝对峙的晚期：北方正是东、西魏分裂后的第十三年，而南方正是侯景乱梁的前一年，距梁亡只有七年。这时候，有一位神色黯然的诗人[②]，名叫杨衒之，因为朝廷派赴使命而回到自己的故都——前北魏洛阳城。他看到这座中国有史以来规模最宏伟的都城，在历史的夕照中，显得如此的荒凉；昔日繁华，眼看就要被无情的历史所吞噬，于是这位诗人也陷身在沉痛的回忆中，“恐后世无传，故撰斯记”，终于下定决心要把这个洛阳城的兴衰记

① 参见 Edward Gibbon，***Autobiography***（London:Oxford University Press，1907，pp.157-160）.

② 杨衒之事迹不见载于《魏书》《北史》，作品除《广弘明集》收录一篇《上东魏主启》外，仅存《洛阳伽蓝记》一书。据全篇所呈现的精神，实有极高的诗人怀抱，故此处以“诗人”之名称之。

录下来。

但是杨衒之和吉本身处的环境不同。吉本是以18世纪英国人的身份来写历史陈迹中的罗马帝国，他可以纵横千古畅所欲言。而杨衒之是以北魏臣子的身份来写正在战火纷争中的祖国，在落笔时必然会有许多忌讳，所以无论在史料的运作或是史实的评论上都会有极大的差别。单看杨衒之的书名《洛阳伽蓝记》，我们就可以领略出杨衒之是如何运用其谨慎的手法，声东击西地写下这部北魏“洛阳城兴亡史”。由于杨衒之落笔时的种种顾虑，我们无法看到像吉本那样酣畅淋漓的史论，但是经由他那蓄意抑制的笔调，我们应该更可以从侧面感受到他曲折叙事中的隐痛。至于杨衒之以当代人写当代史所带来的真切感，那更是洛阳城本身的幸运了。因为有了杨衒之这么一念之笔，一千五百多年前的洛阳城，竟因此栩栩如生地标示在历史的舞台上。尤其把洛阳这个城市和当时中国南方另一个都市——建康城对照来看时，杨衒之这本书在史学上的价值简直是难以言喻的。

在中世纪的南北朝时期，中国有两个极繁华的大都会。一个是北方的洛阳城，一个是南方的建康城。建康城历经东晋、宋、齐、梁、陈两百七十二年，再加上三国东吴时期，建都长达三百三十二年[①]。一时多少豪杰英雄、才子名士活跃在这个大舞台上，创造了所谓六朝金粉世界。哪知道建康城却禁不起几场战火，一旦隋文帝大军东指，三百年的基业刹那间被夷为平地[②]，就连唐人都无法按图索骥辨识旧貌，徒有“朱雀野草，乌衣夕阳”的惋叹。一个如

① 据刘淑芬《六朝时代的建康》所统计。

② 隋将贺若弼、韩擒虎攻入建康，诏令“平荡耕垦”。事见《隋书·地理志·丹阳郡》。

此多彩多姿的都城，居然如此永远消逝在历史的舞台上[1]。反观建都只有四十二年的北魏洛阳城（493—534），当东、西魏分裂，京师迁邺后，虽然逐渐受到战火的摧蚀，却由于出现这么一位名不见经传的杨衒之而完整地矗立在历史的长河中。他基于一股强烈的文化使命感，知道如何去珍爱这最后一抹夕阳，用一本《洛阳伽蓝记》，借着写寺庙佛塔为名，实质上却用尽心思把洛阳城像精工细笔画一般描绘下来，使得我们今天不但对北魏洛阳的宫城建制、街道里坊了如指掌，甚至还可以和考古出土的文物相互比对。一千五百年前中国北方的一个大都会，就这样被妥善地保存在历史档案中。

当然，在那烽火四起的时代，庾信也写《哀江南赋》，颜之推也写《观我生赋》，共同表达了对南方故城的怀念。但是庾、颜二人身陷北国而遥望千里南城，纵然哀肠百转，也仅能止于残碎的回忆，拼凑不出具象的图案。杨衒之的《洛阳伽蓝记》则不然。杨衒之是踏在真切的泥土上，凝视着即将消逝的国都，“恐后世无传”，转而“故撰斯记”扑身去抢救的，所以无论是空间的具体性、时间的紧迫性或是作家感情的充沛性，都在最丰盈的位置上，完美地交集在一起，也正是这些因素造就这部作品千古以来令人着迷的复杂性格：地学家可用它来还原洛阳城的建构尺寸，史学家可用它来探测北魏迁都以后的宫廷政争及风俗民情，文学家则神驰于其华美曲折的文采。对于这本书的复杂性，《四库全书提要》掌握得最贴切：

---

① 由于今人刘淑芬《六朝时代的建康》之作，该城在文献上亦可谓之复存旧观。

其文秾丽秀逸，烦而不厌，可与郦道元《水经注》肩随。其兼叙尔朱荣等变乱之事，委曲详尽，多足与史传参证。其他古迹艺文及外国土风道里，采摭繁富，亦足以广异闻。

因此，我们同样要以地学的、史学的、文学的角度来挖掘它的价值。

第二节 《洛阳伽蓝记》写作的时空背景

虽然《洛阳伽蓝记》全书所记载的事迹，以孝文帝迁都洛阳至东西魏分裂的四十二年间为限断（493—534），但是从京师迁邺到杨衒之成书这段时间，更是杨衒之酝酿其写作情怀极为重要的阶段。究竟是怎样的一些压力，激起杨衒之这种追扑西沉夕阳的悲愿呢？杨衒之自己的序文，似乎透露了一些讯息：

至武定五年，岁在丁卯，余因行役，重览洛阳。城郭崩毁，宫室倾覆。寺观灰烬，庙塔丘墟。墙被蒿艾，巷罗荆棘。野兽穴于荒阶，山鸟巢于庭树。游儿牧竖，踯躅于九逵，农夫耕老，艺黍于双阙。始知《麦秀》之感，非独殷墟，《黍离》之悲，信哉周室。京城表里，凡有一千余寺，今日寥廓，钟声罕闻。恐后世无传，故撰斯记。

武定五年（547）距京师迁邺（534）只有十四年，然而昔日繁华的洛阳城，转眼间竟已“城郭崩毁，宫室倾覆”，若长此以往，洛阳城的命运也就可想而知了。所以杨衒之会兴起“恐后世无传，故撰斯记”的使命感。此处我们必须进一步警觉到：杨衒之为什么如此执意地相信洛阳城必定会完全消失，以致“后世无传”？除了历史兴亡的自然规律，这十四年间高氏父子的一些作为，是否有加速洛阳城毁坏的因素存在？若能从这个角度来探触问题，相信必能经由对杨衒之写作时代背景的了解，进而感受到当时促迫杨衒之的压力究竟是何等的巨重。

在进入正式主题之前，我们需要对洛阳城先做一个全盘性的历史回顾。洛阳在东周之时就已营建国都长达五百一十五年，中间历经东汉、魏、西晋，始终是中华文化的重心。结果一场永嘉风暴，匈奴刘聪侵入洛阳，揭开“五胡乱华”的序幕，使得这座古城沉埋在黑暗中长达一百八十余年，一直到北魏孝文帝太和十七年（493）迁都之后，洛阳才在废墟中重新发出灿烂的光芒。可是没想到这段夺目灿烂的岁月终究也仅是昙花一现的四十二年。随着北魏政局的变迁，洛阳城似乎又要走回到它历史的劫数中。由此我们可以体会到杨衒之站在这历史沧桑点上，对于洛阳城一再重演悲剧的惋痛。也只有经由这一层想象，我们才能谛听到杨衒之在《洛阳伽蓝记》中沉郁的声调。

其次，我们应该对东西魏的分裂略做叙述。北魏末年最后一位皇帝——孝武帝元修——虽然是由北方大军阀高欢所拥立，但又不甘心充当傀儡，所以和高欢关系逐渐恶化。当高欢率兵进逼洛阳时，元修就在永熙三年（534）七月逃到关中长安去投奔宇文泰。这样一来，顿使高欢失去“挟天子以令诸侯”的政治优势。高欢于是一再威胁利诱元修回驾洛阳，却始终无法得逞。高欢只得在十月另立十一岁的元善为帝，是为东魏孝静帝。并且为了洛阳地逼关中而迁都于邺，史称东魏（534—550）。至于逃到关中的孝武帝元修在这一年的十二月，也被宇文泰所杀。元宝炬随即被立为文帝，定都长安，史称西魏（535—557）。很明显，在这种情况下，真正掌权的必然分别是高氏和宇文氏。现在让我们把重心先摆在杨衒之所属的东魏这一边。

根据史料所载，高氏父子不但对孝静帝粗暴无礼①，就是对洛阳宫城，也无丝毫顾惜之情。当京师迁邺之时（534），立刻下令洛阳四十万户大举东迁②。翌年天平二年（535）尚书右仆射高隆之更发派十万夫前去撤运洛阳宫殿的木材入邺③。这是洛阳城自孝文帝营建以来的第一次浩劫。接着而来的是东、西魏双方战火所带来的破坏。

天平四年（537）宇文泰趁沙宛大捷，命独孤信进据洛阳。元象元年（538），东魏又派侯景、高敖曹反攻洛阳金墉，高欢则亲率大军继之。这场战役的结果是侯景纵火焚烧洛阳内外宫寺民居④，这是洛阳的第二次大浩劫。据《资治通鉴》所说“存者什二三”，可见毁坏之剧烈。第一次拆的还只是宫殿建材，这一次则包括了所有的官府、寺院以及民居。所以严格来说洛阳城的崩毁只是短短三年间的事。尔后又经过无数次争夺战，一直到武定元年（543），东魏才算真正把洛阳城收复过来，但是这时的洛阳

① 高澄尝侍帝饮酒，无复君臣之礼，与帝言语逆触，澄怒曰：“朕？朕？狗脚朕。”使崔季舒殴帝三拳，奋衣而出。见《资治通鉴》卷一百六十《梁纪·武帝》太清元年。

② 据《洛阳伽蓝记》载，京师户十万九千余。故此处四十万户当不限于洛阳城，应旁及洛阳附近州郡。东迁事见《通鉴》卷一百五十六《梁纪·武帝》中大通六年。

③ 事见《资治通鉴》卷一百五十七《梁纪·武帝》大同元年。

④ 事见《资治通鉴》卷一百五十八《梁纪·武帝》大同四年。

城早已成了令杨衒之百感交集的废墟。根据十多年来这些残酷的事实，杨衒之当然可以预言出洛阳的命运。若再不赶快提笔把这昙花一现的灿烂记录下来，半世纪的繁华将永远埋藏在灰烬之中。认清了京师迁邺到杨衒之写书十四年间洛阳倏忽崩毁的前兆，可以让我们感受到杨衒之急切地想去攀住夕照余晖的情怀。

然后我们还应该注意杨衒之写书期间（547—550）东魏的政局。武定五年（547）高欢卒，子高澄继掌朝政。对魏主的凌逼也愈来愈显迫，甚至于还发生出口怒骂、当面命人拳殴魏主的忤逆事件。眼看元魏王朝即将步随着洛阳城的崩毁而消失殆，杨衒之环顾朝野，众人皆醉我独醒，众人皆浊我独清，而自己只是一个抚军府司马，微不足道的五品小官[①]，对于大局丝毫不起作用，唯一能做的就是发挥严正的史家精神，忠实地记录下洛阳城人物的是是非非，抒发他对北魏兴衰的看法。我们暂且不断然判定杨衒之在《洛阳伽蓝记》中一再铺写尔朱氏乱魏之事，意在借古讽今，警惕指责高氏对元魏王室的作风[②]。但凡是略通史学的人都知道"一切历史都是当代史"这句名言。杨衒之在全书取材时对于尔朱氏叛逆的一再口诛笔伐，对于刘季明的耿直不屈发出由衷的礼赞，必然在某种程度上反映着对高氏蛮横作风的抗议。

总结以上叙述：杨衒之是在东西魏分裂，京师迁邺十四年后，因为职务的关系重返洛阳。一面看到这个当年将近百万人口的大城经过兵火的摧残，早已满目疮痍；一面想到国内高氏霸府的所作所为，几乎和当年的尔朱氏如出一辙。洛阳城的明天，北魏王

---

① 《魏书》卷一百一十三《官氏志》。

② 此一观点由 W. J. F. Jenner 首发之，见氏著 *Memories of Loyang* PP. 4-8，Clarendon Press，Oxford，1981。

朝的命运注定了是一场大悲剧。为了让洛阳城不再像五胡十六国时期般沉埋在黑暗中，他决定要把洛阳城用文字图绘下来；为了要控诉毁坏洛阳的罪魁，他决定要兼叙史事。但是史事中必然有许多地方会触及高氏政权忌讳，所以他选择了以记伽蓝寺庙为幌子的方式，利用一种所谓“子注”的特殊文体来寄托他的心志，结果这种子注的方式又造成这本书极为特殊的风格。最后使得《洛阳伽蓝记》在地学上完成了它写实存真的任务，在史学上寄托了它春秋大义的怀抱，在文学上又开拓了一种崭新的风格，这真是一部非常之时非常之人所写的非常之书。

第三节　《洛阳伽蓝记》特殊的笔法与体例

前节说过，《洛阳伽蓝记》是一部非常之时非常之人所写的非常之书。所谓“非常之书”，除了指这本书能同时兼具地学之真、史学之善与文学之美三种性质外，最主要的是指这本书为了完成这三项任务而使用的特殊笔法。

首先，我们要知道这本书的题名是“伽蓝记”，原本应以记载洛阳佛寺诸事为主。但是只要我们略加浏览，就会发现全书除了描写北魏佛寺建筑的宏美、佛像的庄严及佛事的隆重，还几乎用了好几倍的篇幅去叙述北魏的史事及洛城宫殿、民居、市廛的建制。这么庞杂繁复的内容，究竟杨衒之如何去妥善安排巧加布置，才能使其不至于扞格不入而风神一贯呢？唐代史学大师刘知幾很早就发现了个中奥秘：

亦有躬为史臣，手自刊削，虽志存该博，而才阙伦叙。除烦则意有所吝，毕载则言有所妨。遂乃定彼榛楛，列为子注。若萧大圜《淮海乱离志》、杨衒之《洛阳伽蓝记》、宋孝王《关东风俗传》、王劭《齐志》之类是也。

意思是说有些史家面对庞杂的史料，往往不知如何下手。“除烦则意有所吝”，想删除一些枝节，又觉得意有不足。“毕载则言有所妨”，想全部采用上去，又怕对文辞的流畅造成障碍。“遂乃定彼榛楛，列为子注”，于是将数据分门别类，依性质的轻重把次要的列为“子注”。

可惜的是，原书这种正文与子注泾渭分明的体例在唐代刘知幾以后，逐渐被传抄的人混淆在一起。一直到清代顾广圻才又注意到这个问题，提出用全祖望治《水经注》的方法来整理此书。随后有吴若准《洛阳伽蓝记集证》和唐晏《洛阳伽蓝记钩沉》，即是依照顾氏之说试为厘分正文子注。由于此书的性质和《水经注》不同，所以吴、唐二氏的努力成效不大，导致今人范祥雍作《洛阳伽蓝记校注》时干脆存疑不论，文注合看。田素兰先生《洛阳伽蓝记校注》亦持此论。

但是，此书的眉目神韵完全系乎正文子注的搭配呼应。欲治此书，不得不设法突破此一瓶颈，所以周祖谟的《洛阳伽蓝记校释》与徐高阮的《重刊洛阳伽蓝记》均在这方面锲而不舍辛勤用力，结果不但有突破性的成就，并且还归纳出一些条例以为依据。其中最重要的大致可以整理为：

（1）凡记伽蓝者为正文

（2）涉及官署者为注文。

（3）所载时人之事迹与民间故事者为注文。

（4）有衒之案语者为注文。

当然其中还会有些地方是条例所无法范束的，但终究也已筋脉毕露，纲节略分矣。延续到杨勇《洛阳伽蓝记校笺》，由于有了前人筚路蓝缕之功，杨氏此书的成绩可以算是往前又迈进一步，至此全书可谓渐复旧观。我们在研究此书时，若真要能领略出其文学之美，就必须费心来揣摩这种特殊的笔法。关于这种笔法的文学意义，将在第四章文学篇再加以论述。

最后关于全书篇目的结构，杨衒之系依照空间的顺序，由城内而城东而城南而城西而城北，共计五卷来安排。为了以后本书叙述的方便，此处先简单将全书的目次简列如下：

卷一　城内

永宁寺

建中寺

长秋寺

瑶光寺

景乐寺

昭仪寺（愿会寺、光明寺）

胡统寺

修梵寺（嵩明寺）

景林寺

建春门

卷二　城东

明悬尼寺

龙华寺

璎珞寺（建阳里十寺）

宗圣寺

崇真寺

魏昌尼寺

石桥南景兴尼寺

建阳里（灵应寺）

庄严寺

秦太上君寺

正始寺

平等寺

景宁寺（宝明寺、归觉寺）

卷三　城南

景明寺

大统寺（招福寺、秦太上公二寺）

报德寺（文觉寺、三宝寺、宁远寺、正觉寺）

龙华寺（追圣寺）

宣阳门（归正寺）

菩提寺

高阳王寺

崇虚寺

卷四　城西

冲觉寺

宣忠寺

王典御寺

白马寺

宝光寺

法云寺（灵仙寺、开善寺、河间寺）

追先寺

融觉寺

大觉寺

永明寺

卷五　城北

禅虚寺

凝玄寺（崇立寺）

京师（郭外诸寺）

第四节　《洛阳伽蓝记》作者生平事迹之谜

杨衒之写下这么一本旷世之作，果然以一己之力把洛阳城即将沉陷的光辉留住。可是他自己却默默地隐身在历史舞台的幕布之后。

这的确是一件令人讶异的事：如此一位作家，不但北魏的两本主要史书《魏书》《北史》未曾替他立传，甚至在时人的诗文笔记中，都找不到有关他的记载。到目前为止，我们可以确知的一手数据，仅止于书首署名“魏抚军府司马杨衒之撰”和书中自述“永安中（528—529）……衒之时为奉朝请”，还有随河南尹登永宁浮图，以及序文的“武定五年（547）……余因行役，重览洛阳”。若是再把隋唐之际的重要资料算进去，也许可以再加上隋费长房《历代三宝记》所云“期城郡太守杨衒之撰”及唐释道宣《广明弘集》所云“杨衒之，北平人，元魏末为秘书监”。至此，我们仅多知道了杨衒之可能担任过的两项官职。除此之外，我们对这位伟大的作家简直是一无所知。面对这个一千多年来的难题，难道我们真的已经束手无策了吗？

就客观静态的资料而言，我们对杨衒之的认识，的确只能停留在这个基础点上；但是我们若能将这些资料做动态的处理，未尝不能有所突破，一步一步地浮雕出杨衒之的神貌。

首先我们要特别珍视杨衒之在《洛阳伽蓝记》正文中惊鸿一瞥乍然露面的场景。那是在卷一城内建春门中，庄帝马射于华林园，众官读“苗茨碑”疑而不决，衒之挺身出而论断之事。时间是“永安年中”，永安为号一共是三年，依常例我们定为永安二年（529）。“奉朝请”是从七品的闲职官。再来就是在序文中十八年后“武定五年，岁在丁卯”（547）时神色黯然、怀着黍离之叹的杨衒之，这时的官职是“抚军府司马”，抚军府司马则是五品官[①]。至于在永宁寺中与河南尹共登浮图事，应该是在任职奉朝请期间。虽然在这十八年中，杨衒之的政治生涯不算顺利，但是可以推知的是，杨衒之既然在朝为官，当然和政权核心维系着相当的关系。于是我们可以扣紧这一时间北魏朝廷与杨衒之较可能发生关系的人事，

① 按，抚军将军则为从二品。见《魏书》卷一百一十三《官氏志》。

来衬照杨衒之究竟是怎样的一个人。

结果我们会发现在杨衒之的背后，极可能有一个人的影子，给了杨衒之极沉重的压力。这个人就是早在普泰元年（531）就参与修国史[①]，武定二年（544）又再次在高氏政权下，以中书侍郎的身份奉命修史的魏收[②]。

魏收所修的《魏书》在当时甫一草成（554），即掀起轩然大波[③]，至有“秽史”之称。历来中国史学界对《魏书》的评价也都不高[④]，虽然周一良和孙同勋曾为文翻案[⑤]，欲替魏收洗刷罪名，但是《魏书》的问题的确很多，要翻案并不容易。现在姑不论个中是非曲直，关于魏收人品的浮夸，则是时人共所闻知之事[⑥]。魏收自己就常常狂傲地自称“何物小子，敢共魏收作色，举之则使上天，按之当使入地”[⑦]。以这种姿势来修国史，杨衒之心中的忧虑可想而知。

因此只要把《洛阳伽蓝记》全书详加考察，就会发现杨衒之对魏收的态度的确有异乎寻常之处。因为以魏收在朝廷的地位以及活动之频繁，杨衒之却只在“平等寺”一章中轻轻提笔一番。相对地，对温子昇与邢劭，杨衒之则一再记载称颂他们的事迹。根据《魏书》，天平元年（534），魏收已经和温、邢并名，三人合称“北地三才子”。杨衒之若非别有怀抱，以《洛阳伽蓝记》这种正文、子注的笔法，

---

① 《北齐书》卷三十七《魏收本传》。

② 同前注。

③ 同前注。

④ 按，《魏书》自唐修《北齐书》，《魏收传》中有“秽史”之称后，刘知幾《史通》、赵翼《“廿二史”札记》均有贬词。

⑤ 周一良《魏收之史学》见周氏著《魏晋南北朝史论集》，孙同勋《“秽史”辩诬》见台湾《幼狮学报》四卷，1961年。

⑥ 据《魏书》本传云“收昔在洛京，轻薄尤甚，人号云‘魏收惊蛱蝶’”。

⑦ 同前注。

要稍加记载几件魏收的事，在章法上并不困难。为什么谈邢邵时，论其文采则以班固、司马迁喻之[①]，推其人品则以许劭、郭泰这些高风亮节的名士许之，谈到温子昇更是蓄意生动地叙述其帮助庄帝诛杀尔朱荣霸臣的过程。唯独提到魏收时，不做只字片语的铺述。更何况在南北朝对峙的大环境中，对于南北文化优劣之争，杨衒之一向表现着相当强烈的本位主义。北魏只要稍有名气的文人，在《洛阳伽蓝记》中，无不用力渲染。如为魏孝文帝所赏识的常景，杨衒之除了在永宁寺中述其生平，扬其文功之外，更在卷二正始寺、卷三龙华寺中一再提及。其中龙华寺中还抄录其《洛汭颂》一文。另外姜质替司农张伦景阳山所写的《庭山赋》，以今天眼光来看，并不很杰出，杨衒之也不惮其烦，用了长篇幅收入。尤有甚者，只要是事涉南人对文物考察略有偏失之事，杨衒之便不惜小题大做，用重笔指责。像关于建春门外石桥的制作年代一事，南人戴延之所言稍一失误，杨衒之除了立刻毫不留情地引据古物加以驳斥之外，更责以“误我后学”的罪名。凡此皆足以反映出杨衒之处身在文风贫乏的北国，究竟是如何挖空心思地想要来强调该国的文化分量。因此若非基于上述理由，绝无可能将这么一个值得大书特书的人物轻轻一笔带过。如果顺着这个路子推展下去，杨衒之对魏收必有极深鸷的郁结在焉。并且以魏收在朝廷的主要职务是修史这一层来推敲，杨衒之和魏收牵涉官场人事纠葛的成分不大。那么杨衒之对魏收最大的疑虑还是来自对其修史态度的不满，尤其是武定五年（547）距魏收正式奉高氏政权修史已有三年之久。杨衒之一方面惋叹着洛阳故城实体的崩毁，一方面又深恐洛阳城

---

① 见卷三景明寺。

人事的是非曲直在魏收史局中的命运。因此在《洛阳伽蓝记》中，他竭力记下他所认为的史实。这份心愿真可以说是名山大业的大怀抱。至此，虽然我们仍然没有解开杨衒之的身世之谜，但是我相信已经将他最精华的地方勾勒出来了。

果然，魏收在天保五年（554）《魏书》修成之后，将所有前人的史料焚毁。于是《洛阳伽蓝记》真的成了劫火余生的北魏史书。今天要讨论《魏书》的真实性与成分，由于留下《洛阳伽蓝记》，一切研究才得以进行。这正是杨衒之当年苦心孤诣之所在。关于杨衒之和魏收、温子昇、邢劭的历职对照，可以参考史学篇附表。

第二章 地学篇

第一节　孝文帝迁都洛阳的原因

严格地说来，北魏孝文帝由平城迁都洛阳之举，虽然对于中华民族的融合有着莫大的贡献，但是对于鲜卑族自身的政权却带来了负面的影响。

要说明这个原因，必须远从北魏建都平城时的“怀朔六镇”谈起。道武帝拓跋珪（386—409）鉴于游牧族“柔然”自北方而来的侵扰，乃于皇始年间（396—397）开始沿北方设置六个军事据点。自西说起，分别是：沃野镇、怀朔镇、武川镇、抚冥镇、柔玄镇、怀荒镇[①]。由于六镇的重要性，各“镇都大将”均由拓跋宗王或鲜卑八族王公担任。戍防的士兵也大都是拓跋族的氏族成员与中原强宗子弟，边防将兵也备受朝廷的倚重和礼遇。这种局势随着北魏的迁都而改变[②]。六镇地位一落千丈，甚至由于在空间上长距离的隔阂，反而和洛阳逐渐产生政治利益的矛盾。结果一方面洛阳朝廷人士快速走向汉化，一方面北方六镇反过来走向鲜卑化，终于导致六镇的叛变，并使尔朱氏、高氏强大，进而凌逼朝廷，移夺魏鼎。

设使当初平城迁都之举，能够放弃洛阳改而选择“邺”的话，向南既可以挟制齐、梁，向北亦可以和六镇维持相当程度的联系，

---

① 沃野镇、怀朔镇、武川镇、抚冥镇、柔玄镇均在今内蒙古境内，怀荒镇在今河北境内。

② 北魏迁都洛阳以后，在孝文帝之世对六镇仍极重视，孝文帝自己还常至六镇巡察。至世宗以后才完全忽略六镇的重要性。

北魏的政权或许不至于崩溃得如此急遽。再退而求其次，选择山西的“晋阳”，虽然会拖延与南朝争霸中原的事业，也必可以永固北方的核心力量。要知道后来的尔朱氏、高氏就是以晋阳为根据地而起家的。

事实上，关于邺的重要性，太和之际孝文君臣也都认识到这一点。到了太和十八年（494），御史大夫崔光还想要挽回孝文帝于十七年十月经营洛阳的成命①，而孝文帝自己呢？对于邺城虽然以“石虎倾于前，慕容灭于后”的理由加以否决，但是他在南伐之际，即于邺西起宫殿②。太和二十三年（499）又曾幸邺六十天。这充分显示了他在追求理想与照顾现实上的矛盾③。因为就当时经济、军事、政治的情势分析，邺城的确比洛阳更适合北魏设都④。那么孝文帝究竟基于什么样的理由而做了这项历史性的决定？

根据《魏书·礼志》的记载，我们可以为这件事找到根本的答案：原来在太和十四年（490）时，孝文帝曾诏令群臣议五德终始。本来北魏在道武帝天兴元年（398）时，就已正式定为土德。但是当时土德之土，远溯黄帝，并无承历来王朝之序。结果太和十四年之议，秘书丞李彪主张上承魏晋，太和十五年遂明令公布北魏系承晋而为水德。

既然在五德代运上，北魏已经自认是承魏晋而来的正统，顺

---

① 《太平御览》卷一百五十六“京都”条下引《后魏书》：“太和十八年，卜迁都邺，登铜雀台，魏御史大夫崔吉等曰：‘邺城平原千里，运漕四通，有西门使起旧迹，可以饶富，在德不在险，请都之。’”

② 《魏书·高祖纪》第七下云：“初，帝之南伐也，起宫殿于邺西……”

③ 参劳榦《北魏后期的重要都邑与北魏政治的关系》一文。本节观点系受劳文之启发。

④ 参逯耀东《从平城到洛阳》第三章《北魏孝文帝迁都与其家庭悲剧》。

理成章地在太和十七年（493）的迁都大计上，必定会以周汉魏晋以来的洛阳古都为目标。所以孝文帝迁都洛阳，本质上是一种对历史文化强烈的传承感。且再看一段太和十七年的重要文献：

庚午，幸洛阳，周巡故宫基址。帝顾谓侍臣曰："晋德不修，早倾宗祀，荒毁至此，用伤朕怀。"遂咏《黍离》之诗，为之流涕。壬申，观河桥，幸太学观石经。……冬十月寅朔，幸金墉城，诏征司空穆亮与尚书李冲，将作大匠董爵，经始洛亦。

五十四年前孝文帝也看到废墟中的洛阳城。和杨衒之一样，也有着黍离之叹。所不同的是他能以帝王的权势重造一座洛阳城，让半世纪以后的杨衒之去感伤。看来洛阳城的背后，的确有一种由历史文化而来的力量，令人无法任其荒芜。

要真正体会洛阳城这种由历史文化而来的力量，当然要对洛阳的建都史做一次回顾。

第二节　北魏以前洛阳建都之经略

洛阳建都之始，相传有早于殷商时期者。但是若要有史料可稽考者，还是得断自周公经营洛邑较为确当。

周武王建国，定都镐京，是为"宗周"，在今西安一带。周公辅政，为了加强对东方的控制，在洛邑一带建立东都，并且迁"殷顽民"在此。于是有所谓"王城"，在涧水以西，有所谓“成周城”，在王城之东，亦即用以安置殷顽民的“下都”。一直到周平王东迁（前770），洛阳正式成为国都，长达五百二十一年（前770—前249）。

平王东迁之时，初以王城为宫址，至周敬王十年（前510），始移至“成周”下都。尔后东汉、魏、晋、北魏的洛阳城，就是在“成周”这块遗址上建立的。所以孝文帝在太和十七年（493）所看到的洛阳故城，即使用最严格的算法，自敬王十年的下都计起，也具有五百零三年的历史。

根据《元河南志》的说法：王城有十二门，每面三门，每门三条道路，男子走右边，女子走左边，车从中央。王宫在城中心，也有王门。王宫之外，右边是社稷之坛，左边是祖庙，南郊三十里是明堂，王宫后面是市场[①]。这种建制大都由后代的东汉、魏、晋、北魏所沿袭。

汉高祖定天下，本欲经营洛阳，既而移治关中。至东汉光武中兴，乃又定都洛阳。但是后汉运属火德，因忌水而改洛阳之名为雒阳。东汉雒阳城有南宫北宫之分。南宫地势较低，北宫地势较高。两侧皆有园，东侧有芳林园，西侧有濯龙园。南北两宫相距汉里七里，中有朱雀阙，其建筑之壮丽，班固《东都赋》曾用力渲染，可惜董卓之乱付之一炬。正如曹植诗所云“洛阳何寂寞，宫室尽烧焚”“中野何萧条，千里无人烟”。

曹魏文帝重修洛阳。魏明帝更于汉南宫故址起太极、昭阳诸殿，开华林园于广莫门外，寂寞宫城又尽复旧观。

① 《元河南志》卷二。见台湾世界书局《大陆各省文献丛刊第一集》第六册，景印收录。

司马晋篡魏，除了继承政权，还继承了洛阳宫城。据《晋书·地理志》记载：

> 洛阳置尉五部、三市，东西七里，南北九里。东有建春、东阳、清明三门，南有开阳、平昌、宣阳、建阳四门，西有广阳、西明、阊阖三门，北有大夏、广莫二门。司隶校尉河南尹及百官列城内也。

既然东周、后汉、魏、晋的城址是一脉相承，那么晋朝洛阳城的规模形制，可以使我们对这座五百多年的古城有一个较具体的认识。

可惜的是永嘉乱起，洛阳再度陷入一百八十多年的战火中。

根据宫川尚志氏的统计[①]，在这漫长的黑暗时期中，洛阳成了五胡诸国与东晋南朝争战的沙场：

（1）前赵（311—325）

（2）后赵（325—351）

（3）东晋（352—365）

（4）前燕（365—369）

（5）前秦（369—385）

（6）东晋（385—399）

（7）后秦（399－416）

（8）东晋、宋（416—423）

前赵刘曜在北方的政权很快就被后赵石勒所取代。石勒死后，

---

① 宫川尚志《六朝史研究》第八章《六朝时代的都市》。

石氏骨肉相互残杀，洛阳守将周成于晋永和七年（351）投降东晋，洛阳遂归东晋。可是永和十年（354），周成又反叛，盘踞洛阳[①]，因此要到永和十二年（356）桓温北伐，洛阳才算正式归入东晋。哀帝隆和元年（362）桓温还上疏请还都洛阳，朝廷未许[②]，结果到了兴宁三年（365），洛阳为慕容垂所攻克，旋而为前秦所夺。结果一场有名的淝水之战（383），使前秦国势崩溃，北方先后兴起了七国，洛阳再入东晋手中。安帝隆安元年（397），后秦遣姚崇寇洛阳不果[③]。隆安三年（399），秦兵终拔洛阳[④]。安帝义熙十二年（416），刘裕自建康北伐，再据洛阳。宋景平元年（423），洛阳终于落入北魏之手，而后虽有元嘉七年（430）到彦之北伐，但旋即为北魏收回。自此总算避免大规模的战役，但是中间将近十度的易主，其遭受的破坏，当然会使孝文帝为之流涕。

一百八十多年的战役，不仅使宫城寺居残破荒碎，就连文献记载也随战火烧毁殆尽。一直到孝文帝太和十七年，才又重现光明。而这一次北魏所建的洛阳城，终于真正被杨衒之保存了下来。

---

① 《通鉴·晋纪·穆帝》永和十年。

② 同上注《晋纪·哀帝》隆和六年。

③ 同上注《晋纪》三十隆安元年。

④ 同上注隆安三年。

第三节　中国传统都城规划与洛阳城

中国都城的营建，虽然可以上溯至殷周时代，但是能对都城规划做理论性说明的，还是以战国前汉之际的《周礼》为最早。《周礼·冬官·考工记》匠人条云：

> 匠人营国，方九里，旁三门，国中九经九纬，经涂九轨，左祖右社，面朝后市。

意指都城的建造，要作边长九里的正方形，每边各三个门，城中要设有纵横交错的大道各九条，正通城门的各三条，不通城门的各六条。又依井字形的分配，将城内分为九大区，并限定各大区的用途。将王宫布置在全城的核心位置上，南方为朝堂，左立宗庙，右立社稷，王宫之北则为市场。整体看来，乃以王宫为中心，将一个城市的行政中心、宗教中心、经济中心分开，足见以功能区分的原则，早在此时已经确立。

其中王宫的核心位置，反映出君主的权威性，而“面朝后市”的规划，则代表儒家先义后利的理想[①]。至于这种理想是否真正体

---

① 《钦定礼记义疏》：“古人立国都，亦用井田之法，画为九区，中间一区为王宫，前一区为朝，而左宗庙，右社稷在焉。后一区为市，而商贾百物聚焉。左右各三区皆民所居，为民廛。君立朝而后立市，固以寓先义后利之权，君主中而市廛皆居外，又以见居重驭轻之势也。”

现在周朝春秋战国列国都城的营建上，目前由于史料的阙佚，已无法断定。但是可以确知的是：东汉以后的许多都城，的确是循着这个原则去营建的。像东汉、魏、晋的洛阳城，曹魏的邺城，北宋的开封，元代的大都，明代的金陵，明清的北京，大致上都能符合《周礼·考工记》的原则①。

令人惊讶的是，建立在周、汉、魏、晋遗址上的北魏洛阳城，反而违背了这种传统规划。最明显的是：宫城位置偏北，并且立市于南。历来许多学者都想解释这个原因。史学大师陈寅恪先生的说法主要有两项：

（1）受到凉州河西文化的影响。（2）由于洛阳城南水运便利，造成置市的自然条件②。那波利贞和服部克彦则强调：系胡人文化和儒家思想背离的原因。

事实上地理形势不能单独解释这个原因。因为周汉魏晋也同在这块遗址上立都，地理条件改变并不大。胡人文化的解释也有问题，因为据刘淑芬的研究，更早的南方建康城也同样采“背朝面市”的规划，而建康城乃东晋汉人文化。要圆满地解释这个成因，可以再加上对南北朝儒家思想衰微现象的考察。由于这层限制的解除，都城的建设才敢于就自然地形，做符合实际所需的规划。有了以上的认识，就更能掌握北魏洛阳城的特质。

① 参刘淑芬《六朝时代的建康》第三章第一节。

② 陈寅恪《隋唐制度渊源略论稿》。

第四节　北魏洛阳城

北魏洛阳城比起同时期南朝的建康城，无论在面积或是规模上都要宽广整齐。因为建康城是南朝历经孙吴、东晋一百六十多年，逐渐累积发展而来的，在规划上必定有许多限制。而北魏洛阳乃是孝文帝挟其强大的政治力，在一片废墟上重新建造的，当然可以贯彻其原本计划。结果真的建造出一座中国有史以来最宏大的都城。以下我们就根据杨衒之的记录，开始来做一次历史的游览：

一、内城与外城

关于北魏洛阳城的范围，有时候我们反而会受到一些史料的误导。

前面我们已经说过，北魏洛阳系建造在汉魏晋的旧址上。那么有两段史料我们必须注意。

（1）晋皇甫谧的《帝王世纪》云："城东西六里十一步，南北九里一百步。"[①]

（2）晋《元康地道记》云："城内南北九里七十步，东西六里十步。"[②]

① 《后汉书·郡国志》刘劭注引。

② 同上注。

可见洛阳城应为“东西六里，南北九里”，是一个东西窄、南北宽的纵长方形，俗称“九六城”。可是杨衒之却说“京师东西二十里，南北十五里”，于是造成大家在理解上的困惑。

其实杨衒之的记载是正确的，只是他的数目是指北魏在旧有宫城外增建城郭的“大洛城”而言。所以《元河南志》说“阳（杨）衒之增广而言者，盖兼城之外也”，指的就是在九六内城以外，再加上城郭的范围。这种在内城之外加盖城郭的都城，在六朝时代的华北相当普遍。[①]

现在让我们按照地图来实际推算一下洛阳城的规模：

首先我们以“宣阳门”为据点。《洛阳伽蓝记》卷三《城南》云：

> 宣阳门外四里，至洛水上，作浮桥，所谓永桥也。

然后再看东晋郭缘生的《述征记》[②]：

> 北芒去大夏门，不盈一里。

这么一来，若以“九里一百步”，加上南四里北一里，则“十五里”的数目大致吻合。

其次再看“东西二十里”的问题，我们先看东北方的“七里桥”。《洛阳伽蓝记》卷二《城东》：

---

① 参宫崎市定《六朝时代华北的都市》，《东洋史研究》二十卷。

② 《文选·潘安仁〈河阳县诗〉》注引。

崇义里东有七里桥，以石为之，中朝杜预之荆州，出顿之所也。七里桥东一里，郭门开三道，时人号为三门，离别者多云："相送三门外。"京师士子，送去迎归，常在此处。

同样，城西也有相当于七里的"长分桥"。《洛阳伽蓝记》卷四《城西》：

出阊阖门，城外七里长分桥，中朝时，以谷水浚急注于城下，多坏民家，立石桥以限之，长则分流入洛，故名曰长分桥。或云晋河间王在长安，遣张方征长沙王，营军于此，因为张方桥也，未知孰是。今民间语讹，号为张夫人桥。朝士送迎，多在于此处。

若以"六里十步"加上东西各七里，也正好二十里。杨衒之所留下这段珍贵的记载，使我们可以确知：北魏洛阳是中国史上规模最大的都城；连唐代长安也比不上。因为长安只有"东西一十八里一百一十五步。南北一十五里一百七十五步"[①]。

二、城门

《洛阳伽蓝记》在序文中，一开始就将洛阳城的城门标示出来。依次为：

① 宋敏求《长安志》。

（一）东面有三门：

（1）北头第一门为建春门。在汉朝时叫上东门，魏晋称建春门，孝文帝承之。

（2）次南第二门为东阳门。在汉朝时叫中东门，魏晋称东阳门，北魏承之。

（3）再往南第三门为青阳门。在汉朝时叫望京门，魏晋称清明门，孝文帝改为青阳门。

（二）南面有四门[①]：

（1）东头第一门为开阳门。汉魏晋都以此为名。

（2）次西第二门为平昌门。汉朝时叫平门，魏晋称平昌门，孝文帝承之。

（3）次西第三门为宣阳门。汉朝时叫苑门，魏晋称宣阳门，孝文帝承之。

（4）次西第四门为津阳门。汉朝时叫津门，魏晋称津阳门，孝文帝承之。

（三）西面有四门：

（1）南头第一门为西明门。汉朝时叫广阳门，魏晋也称广阳门，孝文帝改为西明门。

（2）次北第二门为西阳门。汉朝时叫雍门，魏晋称西明门，孝文帝改为西阳门。

（3）次北第三门为阊阖门。汉朝时叫上西门，魏晋称阊阖门，孝文帝承之。

---

① 据《洛阳伽蓝记》明朝如隐堂刻本，南垣只有三门，为开阳门、平昌门、宣阳门。但《水经注》《元河南志》皆载有四门，自吴若准、张宗祥、周祖谟、范祥雍、杨勇均据此定为四门。

（4）次北第四门为承明门。这个门是孝文帝所立。迁京之初，宫阙尚未修建，孝文帝就住在西北角的金墉城。城西有座王南寺，孝文帝常前往与高僧论道，所以开了这个门，但一直都没有命名，大家只称之为“新门”。后来孝文帝采曹植诗“谒帝承明庐”的典故，命名为“承明门”。

（四）北面有二门：

（1）西头为大夏门。汉朝时叫夏门，魏晋称大夏门，孝文帝承之。世宗元恪曾在这里建造三层的楼台，高二十丈。洛阳城门大都是两层，高百尺，唯有这座城门特别高。

（2）东头为广莫门。汉朝时叫谷门，魏晋称广莫门，孝文帝承之。

表 1　后汉至北魏时期洛阳城门沿革表

位置		后汉时代城门	魏晋时代城门	北魏时代城门
东面	北头门	上东门	建春门	建春门
	中间门	中东门	东阳门	东阳门
	南头门	望京门	清明门	青阳门
南面	东头门	开阳门	开阳门	开阳门
	中间东门	平门	平昌门	平昌门
	中间西门	苑门	宣阳门	宣阳门
	西头门	津门	津阳门	津阳门
西面	南头门	广阳门	广阳门	西明门
	中间南门	雍门	西明门	西阳门
	中间北门	上西门	阊阖门	阊阖门
	北头门	（无）	（无）	（新设）承明门
北面	西头门	夏门	大夏门	大夏门
	东头门	谷门	广莫门	广莫门

以上记述了十三个城门，除了承明门为新设，其他十二个城

门都是前有所承，甚至于连名称也是沿袭前代。杨衒之对于各城门的位置，虽没有详切标明，但是对于几个城门的特性，则留下珍贵的资料。例如卷五《禅虚寺》：

禅虚寺，在大夏门外御道西，寺前有阅武场，岁终农隙，甲士习战，千乘万骑，常在于此……

足见北方城门多与兵戎之事有关。而宣阳门外，多记辟雍、灵台盛典礼仪之事，显示南方在五行中所象征的温暖与生机[①]。据此可以了解：北魏的城门仍然对应着传统的宇宙观。

三、宫城

北魏洛阳城之所以如此令地学家们着迷，主要原因是《洛阳伽蓝记》一书能够给考古工作者提供极有力的依据，令学者有信心能够抹洗时间覆盖在它身上的尘埃，使其展现在世人眼前。但是在考古工作未大规模进行前，学者们对洛阳城的揣摩，仍然会有些误差。尤其是关于宫城部分，历来学者如劳榦[②]以及范祥雍的校注（1958）、周祖谟的校释（1963）均无法正确画出其大小方位。一直到1973年的考古工作之后，洛阳宫城的形制终于被确认了。杨勇的洛阳城图[③]就是在这项考古成果上绘制而成的，是目前最具

① 见刘石吉《城郭市廛——城市的机能特征及其转型》，《中国文化新论·经济》篇“民生的开拓”。

② 劳榦《北魏洛阳城图的复原》将“北宫”“宫城”分置。

③ 见杨氏著《洛阳伽蓝记校笺》，正文书局。

真实性的还原图。

根据考古所得，宫城是纵长方形。南北约一三六九公尺，占了九六内城面积十分之一左右[①]，以前的学者大都将其想象成正方形。服部克彦更将其分成南宫、北宫[②]。主要原因是：这块地区正好没有寺院可以让杨衒之借以定方位，于是杨衒之直接就景观加以描写，并且侧重历史文物的陈述，导致学者们有不同的推测。

关于宫城部分，杨衒之在卷一《瑶光寺》中做了如下的描述：

> 千秋门内道北有西游园，园中有凌云台，即是魏文帝所筑者。台上有八角井，高祖于井北造凉风观，登之远望，目极洛川。台下有碧海曲池。台东有宣慈观，去地十丈。观东有灵芝钓台，累木为之，出于海中，去地二十丈。风生户牖，云起梁栋，丹楹刻桷，图写列仙。刻石为鲸鱼，背负钓台；既如从地踊出，又似空中飞下。钓台南有宣光殿，北有嘉福殿，西有九龙殿；殿前九龙吐水成一海。凡四殿，皆有飞阁，向灵芝往来。三伏之月，皇帝在灵芝台以避暑。

此处杨衒之提到西游园园中的凌云台、八角井、凉风观、宣慈观、灵芝钓台等，可知在内城宫阙部分，仍间有园林之美。文中还提及宣光、嘉福、九龙诸殿。其实宫城本为朝政重地，当然置立不少宫殿在此。据《元河南志》的说法，中间以太极殿为中心，北有显阳、建始二殿，东有明光、宣光、清徽诸殿，南有观德殿；

① 见《汉魏洛阳城初步调查》，《考古》1973四月号。
② 见服部克彦《续北魏洛阳的社会与文化》。

太极殿西尚有徽音殿、清暑殿、理诉殿；徽音殿北有式乾殿、茅茨堂、宣极堂等，可谓宫殿连云，观台相间。

关于宫城四周的宫阙，杨衒之记载了西北的千秋门，以及和宣阳门正南相对的阊阖门。劳榦先生于是再配合《水经注》《魏书》《元河南志》的资料加以整理研究，指出南宫共有六个门：东面北边为朱华门，次南为云龙门，正南面为阊阖门，西面南头为神虎门，次北为千秋门，北面为乾明门。另外又考定出阊阖门之南有端门和司马门。如此一来，宫殿门阙的方位算是清楚了。

方位既定，再来缅怀杨衒之所记载之物的历史色彩。首先是凌云台。据《元河南志》的说法，建于魏文帝黄初二年（221），高二十丈，登上可以遥见孟津。《世说新语》还记载了一项传奇：凌云台的构造非常精巧，最先取材的时候，对于建材的轻重受力，各方面都计算得极准确。尽管楼台很高，风吹之时又摇晃摆动，但是一直安然无恙。后来魏明帝惧其势危，派人用大木材去支撑，结果反而倾坏了。北魏时代凌云台应该经过重建，因为在卷一永宁寺，杨衒之还记载魏孝文帝登凌云台，看永宁寺火灾的事情。

杨衒之在描述景物时，碰上有史实可考者都不放过，在卷一中，因为写火灾，笔意无法顾及，此处则云“园中有凌云台，即是魏文帝所筑者”，由此可以看出杨衒之的历史文化感。

其次是灵芝池。根据《三国志·文帝纪》记载，灵芝池是黄初三年所开凿。《太平御览》六十七引《晋宫阙名》云：

> 灵芝池广长百五十步，深二丈，上有连楼飞观，四出阁道钓台，中有鸣鹤舟、指南舟。

这就是杨衒之所说的"灵芝钓台"，其形制和魏应无大异。

第三个可观的是"刻石鲸鱼"。据张衡《两京赋》及李善注引《三辅旧市》载，应是长安城之物。此处可能是仿长安所制[①]。

第四个要注意的是"九龙殿"。据《三国志·魏书·高堂隆传》："青龙中，大治殿舍……帝遂复崇华殿，时郡国有九龙见，故改曰九龙殿。"而九龙殿前的"九龙池"更为珍贵。据《水经注》谷水条和《三国志》，这九龙池从青龙三年（235），一直到太和迁都，居然没有毁坏[②]。

以上这些珍贵的古迹，都一一保留在《洛阳伽蓝记》中。

四、苑囿

这个地带除了西北角有一座金墉城，是历代用来安置废帝废后的地方之外，其他部分均作为帝王狩猎游宴的场所。杨衒之在卷一叙述了建春门之后，立刻将笔势北指，描写春秋时期有名的"翟泉"，然后再带到泉西的"华林园"。

关于华林园，杨衒之留下了几项珍贵的资料：

（1）华林园中有魏朝留下的天渊池，池上尚有魏文帝在黄初七年造的九华台[③]。

---

① 见杨勇《洛阳伽蓝记校笺·瑶光寺》注八。

② 见《水经注·谷水》条："渠水又东历故金市南，直千秋门，右宫门也。又支流入石逗伏流，注灵芝九龙池。魏太和中，皇都迁洛阳，经构宫极，修理街渠，务穷幽隐，发石视之，曾无毁坏……"

③ 《三国志·魏志·文帝纪》"黄初七年三月，筑九华台"，《元河南志》作六年。

（2）世宗在池上作“蓬莱山”。服部克彦将此山和城南的景明寺放在一起考察，推测世宗兼具道教、佛教双重信仰，甚能说明当时的宗教气氛。

（3）在天渊池西南有座景阳山，山东边有羲和岭，岭上有温风室，而在山西边有姮娥峰，峰上有寒露馆，最后在温风室和寒露馆之间还有相连接的飞阁凌跨景阳山，这种建筑必然相当峻伟奇特。

（4）景阳山南有百果园，每一种水果都独辟一林园。杨衒之特别记载了一种仙人枣，据称出自昆仑山，又名王母桃，可以反映北魏虽是佛教王国，但仍然弥漫着对长生传说的信仰。

（5）园中有块魏文帝所立的“苗茨之碑”，孝文帝因之立苗茨堂，庄帝有一次在此射马，杨衒之也在此惊鸿一瞥地现了一次身。

华林园在魏代叫芳林园，齐王芳即位避讳，改称华林园。后来一直沿用此名[①]，其地点也完全相同。《元河南志》所记载的魏华林园，和以上杨衒之所述的事物甚多相同[②]。如天渊池、九华台、蓬莱山、景阳山等。最显眼的是凌跨景阳山，连接温风室和寒露馆的飞阁。这大概是北魏所建。

至于金墉城，杨衒之也在瑶光寺部分提及：

---

① 《三国志·魏志·文帝纪》黄初四年，裴松之注：“……是冬，甘露降芳林园，臣松之按芳林园即今华林园，齐王芳即位，改为华林。”详参村上嘉实《六朝思想史研究》第二节《六朝の庭园》。

② 《元河南志》卷二《魏城阙宫殿古迹》华林园条：“即汉芳林园，文帝黄初五年，穿天渊池，六年又于池中筑九华台，明帝取白石英及五色文石于太行谷城之山，起景阳山于园中。”

> 瑶光寺北有承明门，有金墉城，即魏氏所筑……东有洛阳小城，永嘉中所筑。城东北角有魏文帝百尺楼，年虽久远，形制如初。高祖在城内作光极殿，因名金墉城门为光极门。又作重楼飞阁，遍城上下，从地望之，有如云也。

百尺楼是古迹，洛阳小城是永嘉战乱中，为增强金墉城防御力量而建，有着城火动乱的记忆。重楼飞阁是北魏孝文帝所造，“从地望之，有如云也”象征北魏当时的国势。杨衒之在描写的过程中，一再流露着对北魏的自负，可以从此处来看。

五、侯门园第

杨衒之在《洛阳伽蓝记》中涉及宦侯豪奢的描写，是否有强烈的讽喻成分在内，此处暂时不予讨论。但是由于这些记载，杨衒之替我们留下了北魏时期贵族园宅建筑的形貌。

首先最引人注目的是张伦所造的“景阳山”。地点在城东昭德里。是因着叙述敬义里内的正始寺，笔势往南带出的。张伦官拜大司农，正三品，而他的起居服饰，豪奢逾制。《洛阳伽蓝记》云：

> 惟伦最为豪侈，斋宇光丽，服玩精奇，车马出入，逾于邦君。园林山池之美，诸王莫及。

因此他敢于造一座和华林园景阳山同名的山林。杨衒之说他造的景阳山“有若自然”。其中“重岩复岭，嵚崟（qīn yín）相属，深溪洞壑，逦迤连接，高林巨树，足使日月蔽亏，悬葛垂萝，能令风烟出入，崎岖石路，似壅而通，峥嵘涧道，盘纡复直”，意思是说这座人造山建得像自然天成一般，其中不但有岩岭重叠，溪洞相连的景致，更有高大浓密得可以遮住日月的巨树，以及迎风招展的葛条萝叶。里面道路的排局更是柳暗花明，千变万化。天水人姜质素有逸民之风，还特地为张伦的景阳山写了一篇《庭山赋》流传当世[①]，足见张伦当时的豪奢与僭越。

像张伦这种官宦园第，在洛阳城中举目皆是。兹就《洛阳伽蓝记》所载，再列举一二，如卷三《城南》高阳王寺条云：

> 居止第宅匹于帝宫，白殿丹槛，窈窕连亘，飞檐反宇，轇轕（jiāo gé）周通……其竹林鱼池，侔于禁苑。

居然以王侯宅园和皇宫禁苑相较，其规模可想而知。又如卷四城西冲觉寺记载清河王怿的宅第云：

> 第宅丰大，逾于高阳。西北有楼，出凌云台，俯临朝市，目极京师……楼下有儒林馆、延宾堂，形制并如清暑殿。

根据杨衒之的说法，清河王怿最受世宗隆爱，所以他宅第的楼台居然敢高过凌云台，他的儒林馆、延宾堂也模仿宫城中清暑殿的形状。由这里可以看出当时王侯竞奢的风气。

又如卷四法云寺叙述，“王子坊”与河间王宅第的景观更令

① 见《洛阳伽蓝记》卷二《城东》正始寺。

人叹啧。王子坊是皇宗居地，在城西。自延酤里以西，张方沟以东，南边一直到洛水，北面一直到北芒山，中间一块东西二里，南北十五里的地带名为寿丘里。河间王的宅第就在这个地方。

关于河间王宅，杨衒之是这样描写的：

> 四月初八日，京师士女多至河间寺[①]，观其廊庑绮丽，无不叹息，以为蓬莱仙室，亦不是过。

这还只是写到前廊堂庑而已。接着写到后园，更是“朱荷出池，绿萍浮水，飞梁跨阁，高树出云”。最后又是感叹其“虽梁王兔苑，想之不如也”。

杨衒之所以会对王侯宅第详加描写，是因为这些宅第在后来大都由于“舍宅为寺”的关系而成为寺庙[②]。杨衒之于是一笔两写：名为记伽蓝，实际上又暗写诸王以前豪奢的盛况；个中当然不无春秋之意寄焉。这个问题留待“史学篇”中再论，在此我们还是关心这些记载在建筑史上的意义。据刘敦桢《中国古代建筑史》的看法，北魏侯宅既然可以“舍宅为寺”，可见这些住宅是由若干大型厅堂和回廊所组成[③]。另外由以上这些宅院均有园池之美的记载来看，魏晋以来旷达自然之风，已反映在贵族的园林建筑风格上，像张伦的景阳山就是一个

① 北魏寺庙不少为王侯舍宅为寺者。关于舍宅为寺的政治背景，见服部克彦《北魏洛阳的社会与文化》第四章《北魏洛阳舍宅寺院的成立过程》。

② 诸王宅第舍为寺庙者有：平等寺、大觉寺、冲觉寺、景宁寺、愿会寺、高阳王寺、河间寺、追先寺、光明寺等。

③ 刘敦桢《中国古代建筑史》第四章《两晋南北朝时期的建筑》。

明显的例子。此外杨衒之所记王子坊一事，透露出洛阳城住宅区域有着贵贱的分野，这一点将在下一节“里坊市场”中详述。

六、里坊市场

北魏洛阳城的里坊制度，充分显示其周密长远的都市计划。虽然汉代的长安和洛阳已有里的设制，三国、魏晋亦皆沿承此制，但是至今无法确知其详情。因此北魏里坊制度的出现，成了史学界共同关切的对象。

关于里坊制度的大略，杨衒之在全书末尾有一段非常具体且珍贵的记载：

> 京师东西二十里，南北十五里，户十万九千余。庙社宫室府曹以外，方三百步为一里。里开四门，门置里正二人、吏四人、门士八人。合有二百二十里。

杨衒之在这段文字中，清楚地界定了大洛阳城的范围，人口、里坊的行政编制，还统计了里坊的数目：总面积扣掉庙宇、神社、宫室之外，共有二百二十个里坊。《魏书》在《广阳王嘉传》中也记载了景明二年(501)发工筑坊的事情，数目是三百二十个里坊。根据何炳棣的推算，应以杨衒之的说法为正确。

里坊的设置，除了反映北魏洛阳城建构的规模，还解释了当时阶级区分的现象。如前所述，洛阳人口“户十万九千余”，一户以五口计，则有五十四万五千余人。这五十几万的人口必定是迁徙而来，甚至可能是采用胁迫利诱的方式[①]。在这种情况之下，政府若是就士农工商的身份，及早统一划分居住地区，必定井然有序。所以在迁都之始，孝文帝就采纳韩显宗的建议，在城内外划分特定地区，安置不同身份的人，以使“寺署有别，四民异居”[②]。韩显宗的话，最动听的是“古之圣王，必令四民异居者，欲其业定而志专。业定则不伪，志专则不淫，故耳目所习，不督而就，父兄之教，不肃而成”，由此可以看出里坊制度的根本用意。

根据杨衒之的描绘，洛阳内城北半部是宫苑区域，除了特殊的情况外，是不设里坊的[③]。南半部是官寺府署和王侯住宅。其他王侯贵族居地有：城南的利民里、劝学里、延贤里，城西东西宽二里，南北长十五里的寿丘里，城北的永平里。平民住宅则有城东的洛阳小市，殖货里。商贾工伎住宅则有城西洛阳大市四周的十个里。城北开义里则为造瓦的专业区，据说早期这里是周朝安顿殷顽民的地方。除此之外，在城南洛水以南，伊水以北的地带，洛阳城还规划了极富国际色彩的区域，那就是有名的“四馆”“四里”。北魏当时既然以中原正统自居，对四方来奔的民族，自应一概加以安抚。于是设了“金陵”“燕然”“扶桑”“崦嵫”四馆，分别安顿南、北、东、西四方来降的人士，并且设有完整的制度：南人先置于金陵馆，经过三年的生活适应，赐宅“归正里”；北夷则置于燕然馆，三年后赐宅“归德里”；东夷则由扶桑馆而“慕

① 孝文帝太和十八年下诏代民迁洛者复租赋三年。见《通鉴》卷一三九《齐纪明帝》建武六年。

② 《魏书》卷六十《韩麒麟附韩显宗传》。

③ 在宫城北半部只有一延无里，本为刘腾宅第，据何炳棣的说法，系恃宠而在此设立里坊。见何炳棣《北魏洛阳城郭规划》。

化里”；西夷则由崦嵫馆而“慕义里”。由此的确可以看出北魏的大国气度，尤其东夷的高丽和百济诸国，当时和北魏来往并不密切，但北魏早已为之设置扶桑馆、慕化里，可谓之规模宏远矣！

北魏这项措施，使洛阳城得以成为四方物产的交运站，各项工艺技术也络绎流传至此，从而呈现出丰富的国际色彩。相对之下，当时南方的建康城，在这方面就殊为逊色。因为建康城虽然也设有“六馆”接待四方使者，但也仅止于接待而已，未见有像北魏这种“馆”“里”的长期性安排，甚至将北朝来的使者，刻意安排在建康城外郭的篱门外，显示其对北朝人士的猜防①。

除了“四馆”“四里”外，前段所谈的商贾工伎的住宅亦饶富特色：在洛阳大市东边有“通商”“达货”二里，“里内之人，尽皆工巧，屠贩为生，资财巨万”；南边有“调音”“乐律”二里，“丝竹讴歌，天下妙伎出焉”；西边有“延酤”“治觞”二里，“里内之人多酝酒为业”，北边有“慈孝”“奉终”二里，“里内之人以卖棺椁为业”，再北边还有“阜财”“金肆”二里，也都是住着富人。

这些里坊不但性质分明，并且还几乎可以“顾名思义”，由此可以看出北魏里坊界限的森严。

至于洛阳城市场的建置，除了前已叙述过的“洛阳小市”“洛阳大市”外，在城南伊洛水边，还有一个和“四馆”“四里”毗邻的“四通市”。据杨衒之记载，由四方前来附化之民“万有余家”。随着这些人士的聚集，天下难得的货物也流入此地，于是为这些人士和货物在洛水南边立市，顺便也作为伊洛二水鱼产的集散地。

---

① 刘淑芬《六朝时代的建康》。

就是这个市场的设置，使得北魏洛阳城突破了《周礼·考工记》“面朝后市”的理论。事实上就自然条件而言，既然伊洛二水在此，水运交通如此便利，顺此条件立市是必然的发展。尤其在魏晋那样一个儒家思想式微的时代，这个市场的设置，反映着一种极活泼生动的声音。

七、河桥渠堰

洛阳城不仅南有伊、洛二水横护在外，城中也由谷水支流穿贯：一支由城北大夏门入华林园，汇为天渊池再东流为翟泉；一支入洛阳宫城北端，注入灵芝、九龙二池；一支由宫城南边向东流，出东阳门汇入阳渠；另一支由西明门南流入城中，东由青阳门出城。不但为洛阳城提供舟车水利灌溉之便，也自然会形成桥梁渠堰诸景观。杨衒之对这方面的记载较引人注目的是“浮桥”。卷三宣阳门条云：

> 宣阳门外四里至洛水，上作浮桥，所谓永桥也。

所谓浮桥，就是系舟为桥。杨衒之还收录了常景所作的“汭颂”，描述永桥洛水的景致。

除了永桥，城东崇义里有七里桥。《洛阳伽蓝记》卷二景兴民寺条描写这条桥，说此地是晋朝杜预出镇荆州时驻扎的地方。桥东一里的城郭之门开了三条路，一般人称之为“三门”，京师士人送行均至此，所以流传着“相送三门外”的诗句。城西阊阖门外一座张方桥，又名长分桥，和七里桥一样是送别之地。卷四城西法云寺记载有大将崔延伯出征，公卿送行于张方桥的场面。可见城东七里城西七里都是送行所在。

除了这三座重要的桥梁外，杨衒之还记载了一项水利工程，即“千金堰”。千金堰就在城西长分桥西，计算其水利，一天价值千金，所以取这个名字。这一带正是瀍、涧、洛三水合流之地，有了千金堰，水位的升降得以控制。杨衒之在永明寺条中顺笔将其记录了下来。

八、寺院

杨衒之在《洛阳伽蓝记》中，虽然费尽心力地想保存洛阳城各方面的形貌和数据，但是全书最醒目的仍然是佛寺建筑。一方面由于书名既为“伽蓝记”，即使是借此为幌子叙史存真，也必然要由佛寺的描写开始。另一方面由于北魏的洛阳城的确是个佛教王国，这种浓厚的宗教色彩，也使得杨衒之在构思一部帝国兴亡史时，自然而然地选择佛寺为全书的骨架。

据杨衒之的说法：洛阳兴建佛教寺塔，从东汉明帝永平十一年（68）才开始有白马寺，到晋怀帝永嘉年间（307—312）也才只有四十二所。结果到了北魏迁都洛阳以后，最多的时候竟多达一千三百六十七所，即使在孝静帝天平元年（524）京师迁邺城，洛城残破之后，仍留有四百二十一寺[①]。由此可以进一步想象出北

① 《洛阳伽蓝记》序文云“至晋永嘉，唯有寺四十二所”，同书卷五京师条云：“寺有一千三百六十七所。天平元年，迁都邺城，洛阳余寺四百二十一所。”

魏当时佛教信仰的盛况[①]。杨衒之在武定五年回洛阳时，就在这四百多所寺院中，选择了六十几所加以描写。选择的标准则以“大伽蓝”为主，像永宁寺、景明寺等，杨衒之往往用力陈其构造之美。至于规模中小者，如果背后有重要事迹攀挂着，也会详加介绍，像宣忠寺、追先寺等[②]，主要是借题发挥。我们若要对洛阳城佛寺做建筑上的考察，大致上还是以大伽蓝为主。

在《洛阳伽蓝记》一书中，最先出场的是卷一《城内》的“永宁寺”。

永宁寺在洛阳诸寺中的兴建次序，根据服部克彦在《续北魏洛阳的社会与文化》一书中的考察，应该是排列第七[③]，就单以城内诸寺算起，也还有一座宣武时期（500—515）的瑶光寺建造在前。而杨衒之特意以灵太后时期的永宁寺开首（516），系因永宁寺乃全洛阳建筑最高峻、装饰最华丽的佛寺。永宁寺的历史几乎象征着北魏洛阳城的兴盛衰亡。

全文中最撼人心魄的是：永宁寺中有一座高达一千尺的佛塔，换算成公制等于今两百七十八米，可与法国塞纳－马恩省

---

① 据《魏书·释老志》的说法，太和二年，北魏平城时代，全国佛寺有六千四百七十八所，仅平城一地便有将近百所。迁都洛阳以后，宣武延昌二年（513）全国佛寺增至一万三千七百二十七所。正光以后到尔朱氏为乱前，超过三万所。

② 宣忠寺条：只简略标示寺址及立寺者，对寺院建筑未及一言，主要是借此引出元徽与庄帝谋除尔朱荣、元天穆的事情，中间又引出温子昇协助庄帝之事及寇祖仁忘恩谋害元徽的经过和报应。追先寺更为简述，仅提及立寺者为东平王元略，然后全部笔墨都用来叙述元略为逃避元义迫害南奔萧梁，扬名南朝的故事。凡此皆是杨衒之可以任意托事于志的笔法。

③ 依序为（1）报德寺（490—499），（2）景明寺（502），（3）灵迁寺（500—504），（4）正始寺（504—508），（5）瑶光寺（500—515），（6）永明寺（500—515),（7）永宁寺（516）。详见《续北魏洛阳的社会与文化》。

河上埃菲尔铁塔的三百一十二米媲美[①]。就算我们采取《水经注》低标准的“四 十九丈”来计算，也高达一百三十多米。在将近一千五百年前的中国，出现这么高的建筑物，确实是建筑史上的奇迹。

根据《洛阳伽蓝记》的记载，我们可以推测出：永宁寺的平面布局是采取在中轴线上布置主要建筑。前面有寺门和院墙，门内建塔，塔后建佛殿。可见这个时期，虽然已经有佛塔、佛殿的出现，但是在有些正式的寺院建筑中，佛塔仍然为全寺的中心[②]。所以杨衒之在永宁寺中，最用力描写这座千尺的浮图。首先叙述灵太后“掘基至黄泉下”事，暗示其塔基之深。今配合《水经注》卷十六谷水注及 1973 年考古勘察所得，知道塔基面积方十四丈，深至地下水[③]，塔基以上则为九层浮图，为四方立体形，共有四面，每面各三门六窗。门窗全部漆上红色，十二扇门上，又钉了五千四百枚金碧辉煌的五行金铃。在九层塔身上“有刹复高十丈”，刹是塔顶竿柱，直耸上天。塔顶上又有金宝瓶，宝瓶下有承露金盘三十重。金盘周匝垂满了金色铜铃，又有四道铁锁将刹系在塔顶的四个角上。不但这四道铁锁各自悬有金色铜铃，其他九层塔的每一层屋檐四角也分别悬挂着这种金色铜铃，一共是一百二十个。夜深人静，晚风袭来的时候，所有铜铃的声音可以响彻十里方外。

这么一座高峻华丽的浮图，由于塔身九层都是用木材做成的，所以只要碰上火灾，就将毁成灰烬。果然在永熙三年(534)的时候，

---

① 据叶大松的方式推算所得。见《中国建筑史》第十章第四节。

② 见刘敦桢《中国古代建筑史》第四章第四节。

③ 见《考古》1973 年四月号。

一场大火就结束了永宁浮图十九年光辉灿烂的生命。

永宁寺之外，卷三城南的景明寺也是洛阳城中面积规模特别宏大的寺院。景明寺系景明年中宣武皇帝所立。杨衒之云其“东西南北方五百步”，相当于七百二十公尺见方，比永宁寺周长一千零四十公尺还大[①]。这样的面积将近北魏洛阳城中两个里坊加起来的面积。因为洛阳城的里坊仅“方三百步”，而一座景明寺居然占地方五百步，其规模可想而知。

景明寺除了占地广阔，其建筑也饶富特色。杨衒之记载说：“复殿重房，交疏对雷，青台紫阁，浮道相通。虽外有四时，而内无寒暑。”不但有精巧的浮道将台阁相连接，甚至里面的温度可以四季如春，这样的建筑技巧的确留给建筑学家许多值得追究的问题。这座寺院本来是没有浮图的，到了正光年间，太后又为其增造一座七层的浮图，《魏书·释老志》说：“永宁寺……佛图九层……景明寺佛图亦其亚也。”可见景明寺浮图的精美仅次于永宁浮图。景明寺在洛阳诸寺中的地位甚高，杨衒街之记载：每年四月七日，京师诸寺的佛像都来此寺集合，到第二天四月八日佛诞吉日，一起入宣阳门向阊阖宫前接受皇帝散花。一千多所寺院的佛像和恭迎人员都要集合在一块，并且住上一夜，的确只有这样一座方五百步的景明寺才能容纳得下。

景明寺的地理位置也非常特出，就在宣阳门外一里御道东。旁边是皇帝祭天的灵台以及辟雍明堂所在，是北魏政府的文教重心。北边有笔直的御道直通宫城，可见北魏时期政治和宗教的密

---

① 据何炳棣的说法，晋尺 1 尺等于 0.24 米，一步六尺，五百步则为 720 米。永宁寺的周长乃据 1973 年考古勘测所得。

切关系，亦足见景明寺在洛阳诸寺中，的确有特殊的地位。

由永宁寺的浮图可以想见洛阳佛寺的高峻之美，由景明寺可以想见其规模之大，另外由杨衒之所记载的白马寺，则可以想见其历史之悠远。白马寺是中国第一古刹，兴建于东汉明帝永平年间（58—75）。关于白马寺的记载最早出现于东汉末年《牟子理惑论》中，但只是说“时于洛阳城西雍门外起佛寺”，并未指名为“白马寺”。到了南齐王琰《冥祥记》中，始有“白马寺”之名，北魏郦道元《水经注》进一步约略提及方位，在卷十六中说“谷水又南巡白马寺东”。最后将这些记载加以整理，又明确地指出寺址所在的工作，还是由杨衒之的《洛阳伽蓝记》来完成的[①]。杨衒之在卷四白马寺中指明该寺在西阳门外三里御道南。今天的白马寺，由于洛阳都城西移，反而位于今洛阳城东二十里处。立寺的缘起是因为汉明帝梦见丈六高的金神，乃派人至西域求经像，后来由于是白马负经回来，所以命此寺为白马寺。杨衒之还说这些经函“至今犹存”并且“时放光明，耀于堂宇，是以道俗礼敬之，如仰真容”，将这座距离北魏四百多年历史的古刹，描绘得如是具体生动。由于白马寺在中国是第一古刹，也是中国佛教史上的重镇，所以在各代王朝中均备受重视。自北魏以后，唐宋元明清各朝都屡加以修葺维护。所以洛阳古城虽经多次兵火战乱而毁坏，白马寺却能保存至今。但是在文献上，杨衒之却是第一个做成最完整记录的人。

除了以上三座最具代表性的寺院，《洛阳伽蓝记》在对其他

① 关于白马寺的传说，鎌田茂雄认为是从北魏之际以北朝佛教为中心才逐渐成定说。参氏著《中国佛教史》，关世谦译，新文丰出版社。

名寺的描写中，也都反映了当时寺院建筑的特色。首先我们可以发现有许多佛寺并没有设立佛塔。在印度的伽蓝中，佛塔本来就是寺院的中心，可是到了中国后，尤其是唐代以下，却逐渐形成寺院无塔的建筑形式。即使有塔，其位置也都在寺前、寺后或是寺侧。推究其原因，主要是北魏贵族舍宅为寺的影响。《洛阳伽蓝记》关于这方面的记载极多：像卷一的建中寺，本为刘腾之宅，后尔朱世隆为尔朱荣追福，改为佛寺；卷二的景宁寺，本为杨椿之宅，普泰中杨椿为尔朱世隆所诛，后舍宅立寺；卷四的宣忠寺，本为城阳王元徽之宅，北海王元颢之乱平后，元徽舍宅为寺，卷五的凝玄寺，本为宦官贾燦之宅，后为其母追福舍宅为寺。凡是这一类的佛寺，大都是“以前厅为佛殿，后堂为讲室”的格局，最后终于使中国佛寺具有假山、丛林、鱼池、亭阁等种种住宅园林化的布局。

这种佛寺建筑中国化的情形，即使在佛塔本身的变化上也强烈地显示出来。佛塔在印度原创时，系供奉佛院舍利而设，是由台座、覆钵、宝匣、相轮四部分所构成的实心建筑物。可是到了中国后，在结构和形式上，却结合了中国楼阁式的建筑传统。塔内不但可供奉佛像，还可以登临远眺。卷一永宁寺中，杨衒之就记载有明帝与太后共登浮图视宫内如掌中之事，可见永宁浮图就是典型的中国式佛塔。

另外在佛寺的装饰上，洛阳诸寺也呈现着中原与西域的混合色彩。中华民族向以青、赤、黄、白、黑为正色，并且符应着阴阳五行的思想，所以洛阳诸寺的装饰大都采用这几种颜色，如建中寺的“朱门黄阁”、胡统寺的“朱柱素壁”、景林寺的“丹楹炫日”、景明寺的“青台紫阁”等。至于西域的色彩，则是以金色为主，当时的寺院也大量运用这种色彩，如长秋寺的“金盘灵刹”、建中寺的“金华宝盖”、胡统寺的“金刹高耸”等比比皆是[①]。凡此皆可看出北魏当时佛寺这种交融着中原西域两种风格的色彩。

在《洛阳伽蓝记》中，杨衒之虽然没有特别用心于北魏佛学的阐述，但是经由其对佛寺建筑的描绘，我们可以领略当时西域高僧一再歌咏赞叹的盛况。

① 此段说法大致参用杨圣立《洛阳伽蓝记研究》第二章第一节第三小段部分。

第三章　史学篇

清朝的吴若准认为杨衒之写《洛阳伽蓝记》是为了怀念故乡，伤心世变，所以“假佛寺之名，志帝京之事”。这个看法很有见地，因为全书的内容，超过佛寺的描写实在太多。但是吴若准又说此书所记“足以补魏收所未备”，在语气上则说得太客气了些。根据本书导论篇第四节的推论，杨衒之在撰写《洛阳伽蓝记》的过程中，极可能就正在对魏收从事着一项抗议的工作。换句话说，《洛阳伽蓝记》中用力的许多记载，是出之于杨衒之对魏收修史的不信任，本质上是杨衒之史家批判精神的表现。吴若准的说法还只是将杨衒之和魏收放在静态的关系上来看待。如此一来，《洛阳伽蓝记》写得再好，也还只是无主观意识的史料而已，我们无法从这里体认到杨衒之作为一个史家的伟大心灵。

因此，我们展读《洛阳伽蓝记》时，不应仅是将其视为静态的史料而已，更应该细心地去谛听一个知识分子对当时批判的声音。本篇的重点除了介绍《洛阳伽蓝记》所反映的洛阳社会文化，最主要的就是要探触杨衒之这份千古心志。

第一节　杨衒之的史家精神——与魏收《魏书》的比较

关于魏收《魏书》的史学地位，自唐代史家李延寿[①]、刘知幾

① 李百药《北齐书》在魏收本传中对魏收人品颇多微词，并已提出“秽史”之说。唯《北齐书》五十卷自北宋后渐就散佚。今所行本，系后人杂取《北史》等书补辑而成。《北齐书》中魏收本传亦系采北史补成。所以此处论魏收系采李延寿《北史》为据。

始痛加贬斥之后[①]，一直到清代赵翼仍然视之为“秽史”。近人周一良、孙同勋虽然极力为其辩护，但是如果拿杨衒之的《洛阳伽蓝记》和《魏书》比照来读，最起码魏收“党齐毁魏”的罪名是难以翻案的[②]。

固然《魏书》修成之际，北齐已禅代魏祚，魏收也已是北齐史臣。有关魏收替高氏回护之处暂不予讨论，但是如果为了一味讨好高氏，而任意歪曲贤君忠臣，魏收则大失史家职守。事实上杨衒之执笔写书之时，也是高氏霸权气焰正高的时候，杨衒之却遥寄名山事业的大怀抱于笔墨之间，对人物忠奸是非秉直而书。以下我们将就魏收与杨衒之同时叙述的三件事加以比较。第一件是有关温子昇的忠。第二件是有关广陵王的贤。第三件是有关永宁寺与北魏的气运。

一、由温子昇事件看杨衒之

温子昇是北地三才子中年纪最大的一位，生于太和十九年（495），比魏收大十岁。杨衒之在《洛阳伽蓝记》中一共让温子昇出场四次。第一次是在卷二秦太上君寺中，温子昇扮演着一位博学多识的学者。皇帝的舅舅奉命到青州[③]去当刺史，

① 刘知幾《史通》卷十二外篇《古今正史》第二。

② 孙同勋《秽史辩诬》一文，据赵翼《廿二史札记》的说法，系将刘知幾所谓“收谄齐氏，于魏室多不平”中的魏室解释为西魏。实则赵翼既先云：“魏收仕于北齐，修史正在齐文宣时，故凡涉齐神武在魏朝时事，必曲为回护。”则高欢和北魏洛阳朝政必多纠葛，故“党齐毁魏”必有诸多事涉高氏和北魏之恩怨，不能单纯视为东魏西魏之争而已。

③ 见《洛阳伽蓝记》卷二秦太上君寺条。

向温子昇请问该地的风俗民情；第二次则在卷三景明寺中，记载温子昇和邢子才共同编定国家法令的事情；第三次出场的温子昇，俨然是位冷静果敢的谋士。庄帝在剪除强臣尔朱荣、元天穆之前，神色不宁，温子昇在旁提醒庄帝控制情绪，终于顺利完成这件大事[①]。最后在卷四大觉寺条中，杨衒之还引述了温子昇的碑文。综合这四件事情，杨衒之为我们描绘了一位有文采，能担当大事的彬彬君子。最后温子昇又在东魏时期参加了一次推翻高氏霸权的行动，虽失败致死，实可谓忠贞之士[②]。可是这样的一位才子，到了魏收的笔下，却被评论为“事故之际，好预其间，所以终致祸败”的闲客。由魏收对温子昇这段评语，可以看出《魏书》的立场有极偏失的地方。试想温子昇既为魏臣，助庄帝杀尔朱氏在前，又参与剪除高澄之计在后，是一位值得钦叹的元魏纯臣，魏收却反面加以揶揄，无怪乎《魏书》在后世频遭指责。

温子昇参与谋刺高澄，事发伏诛是武定五年八月间的事。杨衒之写《洛阳伽蓝记》也是这一年开始的，依常理推断，书成之日应在武定六七年之间。换句话说，温子昇最后的遭遇杨衒之一定知道。但是杨衒之为什么只提庄帝杀尔朱荣事，而不提谋刺高澄之事？第一个理由牵涉到该书的体例。顾名思义，《洛阳伽蓝记》中事件的叙述，在空间上不得离开洛阳城的牵系，

---

① 见《洛阳伽蓝记》卷四宣忠寺条。按《魏书·温子昇本传》虽亦载此事，但魏收却以“事故之际，好预其间，所以终致祸败”之论抹杀子昇勠力魏室之心。见《魏书》卷八十五温子昇本传。

② 《北史》卷六齐本纪上第六世宗文襄帝。

在时间上大致以永熙三年（534）京师迁邺为限制[①]。而温子昇谋刺高澄之事，时空均越出范围。第二个理由是杨衒之在蓄意避开和高氏霸府有关的一切人事。全书除了在卷三报德寺中提到高欢迁“石经”于邺一事之外，就不再涉笔高氏。表面上不涉笔高氏的一切，却又在温子昇身上叙述了多年前剪除尔朱荣的历史，显然是想借此为高澄事件的性质做历史的评价。这纯粹是一笔两写的史家手法，从这里我们应该可以知道杨衒之是在如何艰难的情况下记录史实，进而发挥其批判的精神。所以真要探触杨衒之的史家精神，除了要读他所写到的地方，更要读懂他所不写的地方，两者合起来才能真正心契神合。

二、由广陵王事件看杨衒之

广陵王是北魏末年间，无论在德望或是才干上，都足以复兴王室的贤君，可惜最后还是被权臣所废死。杨衒之对此必然万分惋痛。所以在《洛阳伽蓝记》四处出场中[②]，杨衒之用了两次春秋之笔来赞颂他。

第一次是在卷二的平等寺条中。首先叙述广陵王未即位之前韬光养晦的功夫，为了免遭人忌，居然佯装哑巴达八年之久。有一

---

① 《洛阳伽蓝记》全书仅有四处的事件溢出永熙三年的限断。（1）卷三永明寺条，敕邢子才与散骑常侍温子昇撰麟趾新制十五篇，据《通鉴》订于兴和三年（541）。（2）卷三报德寺条，大将军高欢迁洛阳石经于邺，事在武定四年。（3）卷三景明寺，邢子才除骠骑大将军，事在武定年中。（4）卷四永明寺，孟仲晖为洛州开府长史，采访陈留王宅所失神一事在武定五年。以上四事均为不涉及政治权力争夺的零散事件，故杨衒之肯偶为涉笔，足见其用意之深远。

② 广陵王事分别载于卷二平等寺、景宁寺条，卷三报德寺及宣阳门条。

次庄帝想试探他，派人持剑劫杀他，广陵王仍能临危不乱，装哑到底，足见他的定力非凡。即位之际，尔朱世隆这些强臣正想要混淆历史公论，诬指庄帝剪除尔朱荣的罪状，他却能挺身坚持大义，遏止强臣，顿使天下归心，寄予大望。

第二次是在卷三宣阳门条中。杨衒之很巧妙地叙述了庄帝和广陵王对待狮象玩物的方式，衬托出广陵王帝王的气象。当时波斯国送了一头狮子给北魏王朝，庄帝想证明老虎惧怕狮子的传言，就派人四处抓来虎豹，使虎豹和狮子在华林园中相遇。结果虎豹果然闭上眼睛，不敢仰视狮子。另外有一只瞎了眼的大熊，庄帝也派人牵到狮子面前，结果大熊一嗅到狮子的气味，就吓得四处逃窜。庄帝于是大为开怀。相对地，广陵王即位之后，就下令说“禽兽囚之则违其性，宜放还山林”，足见广陵王对于天地万物的尊重。更可贵的是，当吏役为了怕路途遥远，在半路上杀掉狮子折回，被官府举发判罪时，广陵王却认为不宜因为狮子而施罪于人，俨然一片圣君仁怀。这件事司马光还在《资治通鉴》上特地录了下来[①]，用以垂鉴帝王。足见杨衒之这段文字的确足以塑造出一位贤君的形象。反观《魏书》，对于纵狮恕人之事并未述及。也许支持魏收的人可以说：依据正式史书体例，在本纪中不宜记载这类小事。那么关于广陵王即位，力排权臣逆议的场面，应该是大事了，《魏书》仍然不载，这就证明《魏书》的立论取材，确有易于遭人议论之处。这两件事若非经由杨衒之保留下来，我们还无法知道北魏末年居然出现如此一位贤君。当然就易于相信魏收在《灵征志》中所渲染的：永宁寺烧毁，传言佛图飞入东海，正是“齐室将兴之验也”。

---

① 见《通鉴》卷一百五十五梁纪十一武帝中大通三年。

这正是下一小节所要谈的。

三、由永宁寺佛图事件看杨衒之

杨衒之在永宁寺最末一段叙述大火的文字中，虽然提到有人在东方看到浮图现于海上的事情，但是杨衒之又说“俄然雾起，浮图遂隐”，并没有就此渲染天命在齐的怪说[①]。我们可以推断这种传闻在当时一定喧腾一时[②]，高氏这一派的人物也必然会利用这一类传闻，甚或刻意制造，以提升自己的政治声望。杨衒之面对这些市井之言，却只是冷静地记载下来，并且强调“俄然雾起，浮图遂隐”，并无献谄高氏之意。反观《魏书》的《灵征志》，就摆出一副唯恐天下不乱的态度，大肆渲染，说成“永宁见灾，魏不宁矣”“神灵归海，则齐室将兴之验也”。

当然，《魏书》既为北齐官修史书，魏收撰述之际难免有他的顾忌和难以排除的立场。关于这一层，其实杨衒之在当时早已有洞见在先，所以在卷二建阳里条中，透过赵逸——一位半神话型人物的观点，来抒发杨衒之对史书的观点。赵逸在《洛阳伽蓝记》

---

① 王伊同于《洛阳伽蓝记》英译本甫成之际，作一后记《诠释〈洛阳伽蓝记〉志余》，认为杨衒之永宁寺条中写浮图见于海中一事，有“诡造异说，以符天命”之意。此一说法甚为危险，若就此事以道衒之写书之意，则衒之亦为魏收之流矣。关于这一点将另文详论之。王氏文见《清华学报》十五卷。

② 《魏书·灵征志》云：“出帝永熙三年二月，永宁寺九层佛图灾。既而时人咸言：有人见佛图飞入东海中。”见鼎文版页二九一三。时人咸言当然有可能是魏收极力渲染的说法，但衡诸常理，永宁佛图既为北魏最高峻的宗教象征，一旦遭毁，又值多事之秋，民间当有流言四起，又加以有心者蓄意制造天命之说，其喧腾之势必不可免。观杨衒之笔意，系在沉痛之余录存其事而已，未若魏收之借此事说魏齐的承运也。

中一共出场五次[①]，每次都是以先知者的角色来评断事物。他自称晋朝的郭璞曾替他算过命，说他有五百年的寿命，所以自西晋五胡十六国以来的历史，他都是亲身经历的。因此在建阳里条中，赵逸以见证者的姿态，指责永嘉以来的史官，认为这些史官在他人国家灭后，所写的史书都不真实，“莫不推过于人，引善自向”，只知道把过错推给对方，把自己说成何等仁善。就以前秦苻生为例，赵逸认为苻生除了比较蛮勇并且嗜酒，实在算是一位仁君，但是一旦死了，所有的坏事都推向他。相对地，苻坚虽然算是一位贤君，但是他的王位是弑君夺来的。不但夺位，甚至还利用史书来丑化苻生[②]，这正是天下史官的通病。

赵逸这段指责史官的证词，事实上正是杨衒之的史学宣言。前面我们说过杨衒之极可能是在魏收的阴影下，撰写《洛阳伽蓝记》。现在加上赵逸这个人物的一席话，我们可以更确信杨衒之除了对魏收充满疑虑，对官修史书更是毫无信心，所以立志在《洛阳伽蓝记》中写下他良心认知的史实，要替人间留下公道。这是读《洛阳伽蓝记》一定要细心体会的地方。也只有掌握到这一点，我们才能在这本书中随时谛听到杨衒之伟大的心灵之声。

---

① 赵逸事分别载于：卷一昭仪尼寺条；卷二明悬尼寺建阳里及秦太上君寺条；卷四宝光寺条。

② 《晋书·载记》及崔鸿《十六国春秋》前秦录述苻生之事，果然都极言其恶。故杨衒之此言正可以反映出当时史家立说之不实处。刘知幾《史通·曲笔》篇亦云“昔秦人不死，验苻生之厚诬”指的就是这件事。

第二节　北魏帝国兴亡录

一、游牧部落时期的拓跋氏

太和十七年（493），孝文帝带着他北方的风沙和理想，自营建将近百年的平城迁都洛阳，拓跋氏族的历史算是掀开到最重要的一页。[①]

在这之前，鲜卑拓跋氏有一段相当漫长的草原部落演进史。他的原居地在今天东北黑龙江省的嫩江流域或兴安岭附近。到了三国时代，拓跋部出现了一位英睿的首领“力微”，在经过一番争战后，控弦二十余万。随后在曹魏甘露三年（258）以定襄郡的盛乐（今内蒙古和林格尔县东）为据点，举行了一次游牧民族式的“祭天”大典，取得周围部落联盟的领导权。力微最先臣服于魏，后又称藩于晋，使得鲜卑族和中原文化有了接触[②]。这位“力微”就是后来被追称为“神元帝”的北魏始祖。力微之后传子悉鹿，诸部离叛。三传至禄官，亦是力微之子，遂分国为三部，一部自领，其他两

① 拓跋珪天兴元年（398）迁都平城，孝文帝太和十七年（493）迁都洛阳，计九十六年。《魏书》卷二太祖纪：“秋七月迁都平城，营宫室，建宗庙，立社稷。”

② 注书：“四十二年，遣子文帝如魏，且观风土，魏景元二年也。……魏晋禅代，和好仍密。”

部由力微之孙猗㐌、猗卢率领。最后由猗卢重新统一[①]，并在愍帝建兴三年（315）进为代王。可惜第二年猗卢就被弑害[②]，诸部又离叛相争，终于被石赵所征服。后来虽然由猗卢侄孙什翼犍复兴建国，还是被前秦苻坚所击毁[③]，结束了鲜卑拓跋氏建国的草创阶段。这段时期拓跋氏还只是过着游牧部落的生活，并未营造城郭，一直要到什翼犍之孙拓跋珪之后，才算进入另一阶段。

二、平城时期的拓跋魏

前秦苻坚在北方的霸权，随着淝水之战的失利而崩溃，什翼犍之孙拓跋珪就利用了这个机会，纠集旧部，力图复兴代国。结果在淝水战后三年的太元十一年（386）即代王位，改国号为魏，揭开北魏建国的序章。接着又在北魏天兴元年（398）迁都平城，为北魏立下百年基业，是为道武帝。[④]平城的营建，使拓跋氏脱离游牧民族的生活方式，无论是在宫室的营建或是官制的设置，均能大量吸收汉文化的模式，代表着草原文化过渡到中原文化的成果。

往后即位的明元帝拓跋嗣、太武帝拓跋焘都是精明勇敢的君

① 注书："昭皇帝讳禄官立，始祖之子也。分国为三部，帝自以一部居东，在上谷北，濡源之西，东接宇文部；以文帝（力微之子）之长子桓皇帝讳猗㐌统一部，居代郡之参合陂北；以桓帝之弟穆皇帝讳猗卢统一部……十一年桓帝崩……十三年昭帝崩……穆皇帝天姿英特，勇略过人，昭帝崩后，遂总摄三部，以为一统。"

② 注书："八年，晋愍帝进帝为代王……九年，遂崩。"

③ 注书："三十九年，迁于定襄之盛乐。夏四月，祭天，诸部君长皆来助祭，唯白部大人观望不东至，于是征而戮之，远近肃然，莫不震慑。"

④ 北凉为十六国中最后灭亡的一国，因此史家通常视北凉灭亡之年（439）为北魏统一北方的年限。事实上仇池杨氏直至元嘉二十五年（448）才完全为北魏所平定。

主，终于在太延五年（439）灭掉五胡十六国中最后仅存的“北凉”，正式统一北方，和南方的刘宋成对峙之局，使中国进入史家所谓南北朝时期。北魏的国势也在这个时代臻于巅峰，出现了五十余国朝贡的盛况，甚至在宋元嘉二十七年（450）太武帝还兴师经略江淮，兵临南朝瓜步，震惊南方。可惜太武帝在宋元嘉二十九年（452）为中常侍宗爱所弑，北魏统治中心掀起一连串的纷争。文成帝拓跋濬及献文帝拓跋弘继位之后，并无特殊的功业。

这段沉闷的政局延续了将近四十年之久，最后孝文帝拓跋宏的亲政才又带来另一个高潮。孝文帝于北魏延兴元年（471）即位，年仅五岁。朝政由具汉族血统的冯太后掌理，冯太后善猜忌而多智，内政虽不正，但是主政时期，政治还算安定。孝文帝由于从小受了冯太后的影响，对汉文化极为倾慕，同时有了“大一统”的思想。太和十四年（490）冯太后死，孝文帝亲政，北魏政局于是起了巨大的变化。

孝文帝亲政之后，对于当时北魏的汉化程度尚觉不够彻底，于是立刻大兴土木，计划将平城改建为典型的中国都城，并且进行了一连串有关礼仪祭祀的兴革，反映出孝文帝汉化政策的决心。尤其是迁都洛阳之举，更是拓跋氏族划时代的行动。①

衡诸当时的情况，迁都之举的确是拓跋魏民族大势所趋的方向。理由大致上可以归类如下：（1）在文化上孝文帝原本想利用

① 按太后崩于太和十四年九月。事实上孝文帝对平城的兴革早于太和十二年就逐步开始，唯明堂、太庙、太极殿均完成于其亲政之后，今摘述《魏书·高祖本纪》所载如下：“太和……十有二年丁酉，起宣文堂、经武殿……闰月甲子，帝观筑圜丘于南郊。……十有三年……七月……立孔子庙于京师。……十五年……冬十月……，明堂太庙成，十有一月丁卯，迁七庙神主于新庙。……十有六年……二月……坏太华殿，经始太极……十月……太极殿成。十有七年春正月……帝飨百僚于太极殿。”

平城既有的基础，将它转变为一座中国文化典型的都城，并无意积极南迁。可是后来发现北方保守的势力，必然阻碍他的改革理想，誓必离开平城，一切计划才能顺利推行。（2）在经济上平城的地理环境缺乏漕运之利，本身农业又不振，无法供应京都的需求。（3）在军事形势上，北边靠近强悍的柔然，随时有受侵之虞。而南方的版图在孝文帝时已扩至淮水以北，平城距此南境甚远，北魏若要经略中原，势必将国都重心南移。

如此一项大规模的措施，当然更会遭到保守派的反对，孝文帝于是借口南下伐齐，于太和十七年（493）率步骑三十万止于洛阳，几经波折，终于在次年定都洛阳。

三、洛阳时期的元魏

孝文帝在迁都择都的过程中，既然放弃更具有经济、军事价值的邺与晋阳，而选择了文化古都洛阳，当然可以看出他对汉化大业的狂热。在迁都后的三年间（494—496），果然陆续展开了大规模的汉化运动。这些运动就是大家所熟知的改官制，禁胡服、胡语，依汉制改变度量，设国子学太学，征求天下遗书，禁止鲜卑族归葬北方及改变姓氏等措施。在这些措施中，禁止归葬及改拓跋氏为元氏二事最具象征性的意义。至此拓跋王朝可以说是斩钉截铁地入籍中原洛阳了。无论这些措施对北魏政权带来怎样的影响，就中华民族大融合的演进史而言，实在是一件撼人心弦、值得大书特书的里程碑事件。

北魏在洛阳的政权，自孝文帝太和十七年（493）算起，至孝武帝元修出奔长安，孝静帝迁邺的永熙三年（534）止，共有四十二年的历史。在这四十二年中，北魏的确把洛阳城建造成中国有史以来最大的都城。一方面孝文帝的汉化政策，快速地提升了鲜卑族的文化水平，另一方面却也使鲜卑人习染了汉人奢侈之习、文弱之风。洛阳和北方的隔阂也愈来愈大，再加上孝文帝、宣武帝之后，北魏帝室权力结构的混乱，诸如幼主即位、母后执政、霸臣弄权等，终于使洛阳城的灿烂像消逝的夕阳般隐没在历史的舞台之后。杨衒之所写的洛阳城就是这四十二年的故事。

四、杨衒之笔下的洛阳政权

北魏在洛阳的历史，可以再详分为四个阶段：第一个阶段是孝文帝掌政时期，从太和十七年迁都开始至二十三年止（493—499）。这段时期孝文帝对内则陆续推展其汉化政策，对外则数次向南齐进军。虽然几次都没有真正占领齐地，却足以反映出北魏的国力。其中以太和二十三年的马圈之役，对南齐的打击最大，可惜孝文帝正好在这个时间病重，于收师北返之际死于途中。

第二个阶段是宣武帝元恪时期（499—515），宣武帝在位十七年，这段时期是北魏由盛而衰的阶段。宣武帝即位不久，南齐就发生萧衍篡位之争。萧衍率雍州之众东下建康，襄阳空虚下来，正予北魏可乘之机。北魏镇南将军元英上疏建议立刻“直指沔阴，据襄阳之城”，然后“长驱南出，进拔江陵”掌握长江上流的形势。可惜宣武当时年岁尚幼，政局未稳，无力南征，以致坐失良机。等到萧衍登位，根基已固，宣武帝才频频南侵，终于在正始四年（梁天监六年，507）的钟离之役中，遭致北朝有史以来最大的惨败。北魏的国势也在这场战役之后，开始由盛转衰。

在朝政方面，也由于外戚高肇与幸臣茹皓的专权弄术，朝纲不振。所幸北魏根基深厚，一时还不至全然衰落，所以当时洛阳的建设仍在持续发展中，像大洛阳城的外郭及两百三十二个里坊就是在景明二年（501）完成的。

第三个阶段是孝明帝元诩时期（515—528）。真正造成北魏无可挽回的致命事件，就是在这段时期发生的。由于元诩继位时，年仅六岁，朝政由胡太后统摄。太后性情淫奢，一味信托妹夫元乂及侍中刘腾，对朝臣又赏赐无度，耗费国本。后为元、刘二人幽禁，返政之后仍然不知检点。元诩年岁日长，思求自理国事，于是密诏在北方的车骑将军尔朱荣举兵入京，欲借此取回政权。结果反为太后所害。太后为了继续掌握大权，又立年甫三岁的临洮王为帝。这件事给了尔朱荣有力的借口，于是他举兵南下陷城，屠杀朝臣两千余人，造成史上有名的河阴惨剧，北魏国力至此可谓消耗殆尽。

第四阶段是孝庄帝（528—530）、长广王（530）、节闵帝（531—532）、孝武帝（531—532）、孝静帝（534—550）这群陆续为尔朱氏所予立予废的魏末诸帝时期。尔朱荣兵入洛阳，既沉胡太后及临洮王于河，遂立长乐王元子攸为帝，并且把持朝政。庄帝不堪其迫，设谋剪除尔朱荣与元天穆。尔朱荣的侄子尔朱兆与堂弟尔朱世隆共同奉长广王元晔为主，尔朱兆率兵入洛阳掳庄帝于晋阳，缢杀于城内三级佛寺。从此北魏皇帝的命运完全掌握在这些霸臣手中。北魏政权已可谓名存实亡了。

在这四个阶段中，杨衒之写得最多、最用力的是后面两个阶段。

高祖孝文帝在全书中十现。两次在序文中，只提到太和十七年初，迁洛阳诏令穆亮营造宫室，以及承明门名称由来的典故。第三次是在卷一永宁寺条中，提到中书舍人常景为高祖拔识之事。

第四次是在卷一瑶光寺条中，提及高祖在西游园中造凉风观一事。第五次亦在瑶光寺条中，提及高祖在金墉城内作光极殿一事。第六次是在卷二明悬尼寺条中，提到寺东有一座晋朝的“常满仓”，高祖令为租场，后来成为储放天下贡赋的地方。第七次是在卷三报德寺条中，提到魏文帝《典论》六碑，至太和十七年犹有四存，高祖题为劝学里事。第八次同在报德寺条中，提及高祖迁都洛邑，王肃献策之事。第九次亦同在报德寺条中，提及高祖赐宴，和王肃谈羊肉鱼羹、酪浆茗饮南北饮食的问题，以及和群臣猜字作诗盛会之事，充分显示北魏君臣之间艺术的品位及文思的流畅。第十次是在卷五凝玄寺条中，提及高祖将洛阳城东北，昔日殷顽民居所称名为闻义里之事。

在这十次记载中，杨衒之的确将高祖视为文化的象征，所述之事皆与典章文物有关，丝毫未涉及有关政事。由此可以看出杨衒之心目中的洛阳太和时期，尽是一片文物雍容景象。东魏北齐之际，高氏父子在文化上有反汉归胡的倾向，杨衒之屡次点染孝文帝的文雅风范，应该有他对文化的感伤在内。

宣武帝在全书中十现。第一次在序文中，提及世宗在大夏门上造三层楼一事。第二次在卷一永宁寺中，提及诏敕常景等刊律令事。第三次在卷一瑶光寺条中，提及立寺之事。第四次在卷一景乐寺条中，仅提及清河文献王为宣武之弟一事。第五次在卷一建春门条中，提及世宗在华林园中作蓬莱山一事。第六次在卷三平等寺条中，记述刘季明不惧尔朱世隆凌逼，拒绝替尔朱荣配飨之事时，顺笔提及尔朱荣若配世宗，于宣武无功一事。第七次在卷三景明寺条中，提及立寺之事。第八次是在卷三宣阳门条中，提及北降南人萧宝寅唆使南阳长公主，向世宗请求入居城内之事。

第九次在卷四冲觉寺条中，提及世宗崩驾时，遗诏四王辅翼孝明帝事。第十次在卷四永明寺条中，提及立寺之事。在这十次中，有三次是立寺之事，两次是建楼造山之事，一次是顺笔介绍清河王怿，一次是南人萧宝寅求入居城内之事。除此之外，只有三次和政事较有关系。一次是诏刊律令，一次是尔朱荣配飨之事，但实质上宣武帝和尔朱荣并没有真正的牵连。以上诸事杨衒之皆轻笔带过，未见有春秋笔意在焉。另一次是遗诏四王辅翼幼主之事，杨衒之在这里才开始透露出他对北魏王朝危机的忧虑。四王既受诏辅孝明，却一味只知追求权力财富，势倾人主。所以杨衒之在冲觉寺条中详述世宗爱弟清河王怿的豪奢，一叶而知秋，善读史者，应由此而知北魏之命运矣！

到了写胡太后时，全书凡十九现，孝明帝为胡太后所制，亦兼有五现，计有二十四现。由此可以看出太后摄政之娄切。虽然其中记载太后与佛寺神像有关的事件占了大半以上，但是只要是牵涉政事的部分，杨衒之都会毫不留情地加以指责。

若按时间顺序来看，卷四冲觉寺条中云“延昌四年（515），世宗崩……时帝始年六岁，太后代总万机”，算是揭开孝明悲剧的序幕。接着是在卷一建中寺条中云：“熙平初（516），明帝幼冲，诸王权上，太后拜乂（元乂）为侍中，领军左右，令总禁兵，委以腹心”。宣武帝临终时既遗诏四王辅翼幼主，太后又以乂为侍中，誓必造成朝廷两派的水火不容。果然不出五年，在正光元年（520），元乂就联合了太后宠信的宦官刘腾，发动一次政变，将太后幽禁在后宫，并谋害清河王怿于门下省（卷四冲觉寺、卷一建中寺）。太后被幽禁的六年之间（520—525），不但元诩不得省见，甚至连衣着饮食都时常缺乏，所以太后深自悔恨时，则说这是“养虎自啮”。

正光四年（523）刘腾卒，元乂对太后的防范略为疏缓。四王之一的高阳王雍于孝昌元年（525）二月利用机会邀魏王和太后至其私宅，策动夺回权位之许。终于在四月使太后再次临朝。元乂立刻被借故诛杀，刘腾虽已死多年，而太后积怨难消，遂“发墓残尸，使其神灵无所归趣”（卷一建中寺）。

太后复政后仍然不改昔日常态，又宠信幸臣郑俨及李神轨、徐纥等。弄得秽声四闻，文武解体，朝政越发不可收拾。魏主元诩思求亲政，反被鸩杀，改立了一个年甫三岁的“未言之儿”临洮王。对于这件事，杨衒之就指明是“太后贪秉朝政，故以立之”（卷一永宁寺），可以想见当时天下议论之痛切。所以当尔朱荣挥兵南下时，朝中无人肯挺身而出。杨衒之对这件事也痛切指陈：“太后闻荣举兵，召王公议之，时胡氏专宠，皇宗怨望，入议者莫肯致言。”足见人心之离散，结果又是徐纥这般弄臣还大言不惭，吹嘘魏朝兵力，说尔朱荣是“穷辙拒轮”，不堪王师一击。结论是派遣五千位久不习军旅的洛阳军士去迎战北方雄兵。河阴惨剧的酿成实非一日之寒。杨衒之记载此事巨细靡遗、淋漓尽致，却处处见其沉痛，实有一派史学大家的风范。

至于北魏洛阳史的第四阶段，虽然只有短短的七年（528—534），其中孝庄帝十四现，长广王二现，广陵王五现，平阳王五现，总计二十六现。这么重的比例，可以看出杨衒之对北魏末年残史往事的惋痛。杨衒之既然在永安二年（529）中当过庄帝的奉朝请，换句话说，他在盛年之际，正好逢上北魏帝国的大灾难时期，诸帝动辄被杀被废的宫廷惨事，对他而言简直是一个又一个的梦魇，尤其当杨衒之写书之际，也正是高氏霸府对东魏孝静帝横加凌逼之时，两代相隔也只不过二十年左右而已，人异事同如出一辙，衒之抚今追昔，自然对此再三致意。所以杨衒之不仅在这短暂七年中安排了二十三现，并且和写胡太后的方式完全不同。太后二十四现中，与兴建佛寺事有关者占了大半，而这个阶段几乎是纯粹描写血淋淋的权力争夺战。

庄帝虽然能够手刃尔朱荣、元天穆这两大霸臣，但终究不是有大气魄的君王，这可以从杨衒之写庄帝的两件事来看。第一件是卷四宣忠寺条中，在谋刺尔朱荣、元天穆之前神色大变之事。第二件是在卷三宣阳门条中，在永安末国争方殷之际，仍有闲情试狮玩虎。所以庄帝在除掉尔朱荣之后，以为天下从此定矣，遂下旨大赦，百官亦入宫拜贺，并未积极防范尔朱氏家族的报复。

事实上，尔朱荣虽死，但当时尔朱氏势力仍分制天下，各据一方。其中尔朱兆（荣从子）据有并汾，尔朱天光（荣从弟）专制关中，尔朱世隆（荣从弟）居中央用事。这些霸臣平时已是飞扬跋扈、无法无天，一旦有了尔朱荣事件为借口，更能予求予夺，闹个天翻地覆。孝庄帝昧于大势，不知尔朱荣之乱实非一人之乱，乃一氏之乱也，竟想以大赦来安抚尔朱家族。结果尔朱荣方死，尔朱兆随之而来，庄帝被掳至晋阳，最后被缢杀于寺中。杨衒之写到尔朱世隆派兵攻城，庄帝募敢死之士以讨世隆事。虽然一日即得万人，兵将士气可用，但是“京师士众，未习军旅，虽皆义勇，力不从心”。杨衒之这句话，实在是对洛阳官吏平日疏于军备最深的指责。甚至在尔朱兆叛军压境之时，庄帝还想寄望黄河之险，能暂缓来军之势。结果正好当日黄河水浅，尔朱兆根本不用舟船渡河，但凭骑马就能涉水直驱洛阳。庄帝就是这样在式乾殿中被擒的。从此魏末诸帝就完全成为强臣手中之物。刚刚被尔朱世隆拥立的长广王晔，不到半年就由广陵王接替。

广陵王的上任，本来给杨衒之一线希望，所以在平等寺与宣阳门条中，特地铺写了广陵王即位时的气象与爱狮及人的仁心。无奈当时高欢的势力已经形成。高欢破了尔朱氏势力，兵至河阳，派魏兰根观察广陵王。结果魏兰根看到广陵王神采高明，恐怕未来不易制伏，于是向高欢进言构毁。如此一位贤君，终于在四月被废，五月被弑[①]。杨衒之对这件事情必然甚感凄恻，所以对继位的平阳王极不友善。平阳王就是后来逃到关中，造成东西魏分裂的孝武帝元修。杨衒之对平阳王的敌意当然有一部分是由于平阳王乃是“京师迁邺”的关键人物。另外一部分则是由于平阳王乃是高欢在废了广陵王后所立。所以杨衒之写到平阳王时，口气并不舒坦，在卷二平等寺条中云：“永熙元年，平阳王入篡大业。”用入篡二字来斥责平阳帝位之不正。在卷一愿会寺（附于昭仪寺）条中，还记载了一段平阳王砍伐五重神桑，下斧之处血流满地的事件。这株桑树在佛堂前，共有五重，每重长出的桑葚又都不一样，枝条横绕，柯叶如盖，是一种呵护大地子民的象征，京师宗教界人士和一般民众都称其为“神桑”。而平阳王居然不顾众议，派人去伐杀。正由于平阳王得

---

① 《北齐书》卷二十三《魏兰根传》：“及高祖将入洛阳，遣兰根先至京师，时废立未决，令兰根观察魏前废帝（广陵王）。帝神采高明，兰根恐于后难测，遂与高乾兄弟及黄门崔㥄同心固请于高祖……废帝素有德业，而为兰根等构毁，深为时论所非。”《魏书》卷十一前废帝广陵王纪亦载此事，言则较简略：“齐献武王……使魏兰根慰谕洛邑，且观帝之为人。兰根忌帝雅德，还致毁谤，竟从崔㥄议，废帝于崇训佛寺，而立平阳王修为帝。”比较两书虽同记一事，但魏书避开“时论所非”四字，盖有为高氏讳处。《北齐书》修史于唐代，较能言《魏书》之所未敢言。而杨衒之虽和魏收一样处身高氏之下，却能利用其体例的灵活性，刻意叙述广陵王贤言仁行，以表达对广陵王的惋痛，充分流露其传史之心。

位不正，所以对灵异之事特别忌讳，即使连这棵道俗皆膜拜的神桑也心有疑忌。杨衒之写伐杀神桑的过程，真是惊心动魄，也是对平阳王最深的愤责。

北魏帝国至此，可以说是日沉西山了，谁也无法去挽住那欲坠的夕阳。尤其身为抚军府司马的杨衒之，在这个时候，也只是中央政府外围的五品官，更无法对局势有任何的影响。唯一能做的就是担负起知识分子的责任，秉直而书，写下人间公道。果然，当有关北魏大部分史料毁于魏收之手后，杨衒之这本书却成了检查《魏书》忠实度的唯一证人。

当然，我们无法断言杨衒之的说法是绝对正确的，因为证人的话，也需要法官的推论和裁决。但是有了这本书，魏史的讨论才得以进行，这就是《洛阳伽蓝记》在史学上真正价值之所在了。

【附表说明】

一、本表“纪要部分”系根据范祥雍《洛阳伽蓝记校注》所附年表再加以整理。

二、本表“纪要部分”主要目的在于呈现杨衒之对洛阳四个阶段史事的分配比例，所以力求将四帝所出现的事件统统纳入，其中无法系年者概以☆为记。

三、明帝乃依附太后而立，时常与太后并现，故明帝出现处以（一）（二）为记。

四、“附载”系为标示杨衒之、魏收、温子昇、邢邵诸人关系而作，可由此推测杨衒之和魏收可能存在的问题。

表 2 《洛阳伽蓝记》所载迁都后的北魏政权纪要

公元	北魏纪年	南朝纪年	纪要部分	附载
493	孝文帝太和十七年（拓跋宏）	齐武帝永明十一年（萧赜）	①帝迁都洛阳，诏司空穆亮营造宫室（序） ②国子学堂《典论》六碑犹有四存，帝题为劝学里（卷三报德寺）	
494	十八年	齐明帝建武元年（萧鸾）	③齐秘书丞王肃归降，时帝新洛邑，肃多所献议（卷三报德寺） ④帝和王肃谈南北饮食，并在席中猜字题诗（卷三报德寺） ⑤帝在西游园中造凉风观（卷一瑶光寺）	
495	十九年	二年	⑥帝拔常景为律学博士（卷一永宁寺） ⑦帝为承明门命名（序） ⑧帝在金墉城内作光极殿（卷一瑶光寺） ⑨帝将晋朝时“常满仓” 令为租场 ⑩帝将洛阳城东北昔日殷顽居民所称名“闻义里”（卷五凝玄寺）	温子昇生
496	二十年	三年		
497	二十一年	四年		
498	二十二年	五年		
499	二十三年	齐东昏侯永元元年（萧宝卷）		
500	宣武帝景明元年（元恪）	二年		
501	二年	齐和帝中兴元年（萧宝融）	①齐建安王萧宝寅来降，封会稽公，为筑宅于归正里。南阳公主启世宗求入城内，世宗许之（卷三宣阳门）	
502	三年	梁武帝天监元年（萧衍）	②世宗立景明寺（卷三景明寺）	邢子才生
503	四年	二年		

（续表）

504	正始 元年	三年	③世宗诏刊律令，敕常景共高僧裕、王元龟、祖莹、李琰之等撰集其事。又诏彭城王勰、刘芳入议其事 （卷一永宁寺）	
505	二年	四年		魏收生
506	三年	五年		
507	四年	六年		
508	永平 元年	七年		
509	二年	八年		
510	三年	九年		
511	四年	十年		
512	延昌 元年	十一年		
513	二年	十二年		
514	三年	十三年		
515	四年	十四年	④帝崩。清河王怿与高阳王雍、广平王怀等并受遗诏辅翼孝明帝 （卷四冲觉寺） ①时（一）帝始年六岁 ②太后总理万机 ③（卷四冲觉寺）	
516	孝明帝 熙平元年 （元诩）	十五年	（二）明帝幼冲，诸王权上 ②太后拜义为侍中 （卷一建中寺） ③太后立永宁寺 （卷一永宁寺）	
517	二年	十六年	④永宁寺浮图装饰毕功 （卷一永宁寺） （三）帝与太后共登之 （卷一永宁寺）	

（续表）

518	神龟元年	十七年	⑤十一月冬，太后遣惠生、宋云向西域取经（卷一开义里） ⑥惠生初发之日，太后敕付五色百尺幡千口	
519	二年	十八年	⑦乌场国王闻太后崇奉佛法，即面东合掌遥心顶礼（卷五开义里）	
520	正光元年	普通元年	⑧元乂秉权闭太后于后宫，薨清河王怿于门下省（卷四冲觉寺）	邢子才年未二十名动衣冠
521	二年	二年		
522	三年	三年	⑨太后造景明寺七层浮图 一所（卷三景明寺）	
523	四年	四年		
524	五年	五年	邢子才除奉朝请	
525	孝昌元年	六年	⑩太后还总万机，追赠清河王怿太子太师（卷四冲觉寺） （四）明帝拜萧综太尉公（卷二龙华寺）	
526	二年	七年	⑪ 太后返政，诛元乂，发腾尸骨（卷一建中寺）	
527	三年	大通元年		
528	武泰元年 孝庄帝 建义元年 （元子攸） 永安元年	二年	⑫ 二月中，帝崩无子，太后贪秉朝政，故立临洮王，年甫三岁（卷一永宁寺） ⑬ 太后闻尔朱荣举兵，召王公议之，议者莫肯致言。后听徐纥言派李神轨、郑季明等镇河桥（永宁寺） ⑭ 后为尔朱荣所害（卷四白马寺） ☆⑮ 太后从姑立胡统寺（卷一胡统寺） ☆⑯ 龙华寺有钟声闻五十里，太后移在宫内（卷二龙华寺） ☆⑰ 崇真寺比丘惠凝死而复活，言地界所见，太后闻之遣徐纥查访（卷二崇真寺） ☆⑱ 太后立大统寺西寺（卷三大统寺） ☆⑲ 太后与（五）明帝在华林都堂见复活之人崔涵（卷三菩提寺） ①尔朱荣与元天穆因铸像而意以长乐王子攸为帝（卷 一永宁寺） ②河阴之役后，车驾入城，大赦天下，是为庄帝（永宁寺）	

（续表）

529	二年	中大通 元年	③五月，元颢入洛在永宁寺聚兵，帝北巡。颢登帝位（永宁寺） ④帝北巡，城阳王徽从至长子城，愿入洛阳，舍宅为寺（卷四宣忠寺） ⑤庄帝派帝舅李延实刺青州（卷二秦太上君寺） ⑥帝马射于华林园，百官读苗茨碑，杨衒之时为奉朝请，因释之，众咸称善（卷三宣阳门）	杨衒之为奉朝请
530	长广王 建明元年 （元晔）	二年	⑦ 庄帝试狮豹（宣阳寺） ⑧ 尔朱荣位高心骄，帝怒（卷一永宁寺） ⑨ 庄帝谋害尔朱荣，请计于城阳王徽（卷四宣忠寺） 荣穆并入朝，庄帝手刃荣于明光殿（卷一永宁寺） 尔朱家族替荣报仇。帝出库物募敢死之士(永宁寺） 尔朱兆擒帝于式乾殿（永宁寺） 永安三年，尔朱兆囚帝于永宁寺中，再移置晋阳缢于三级寺 ① 尔朱世隆至高都立长广王晔为主，政号建明（永宁寺）	温子昇参与庄帝杀尔朱荣事
531	节闵帝普泰元年 （元恭）	三年	②世隆以长广王本枝疏远 政行无闻逼禅与 ①广陵王恭（卷二平等寺） ③广陵王维护庄帝剪除尔朱荣事，杜口八载至是始言，海内咸称圣君（平等寺） ④广陵王放波斯所献狮子，送者失职帝赦之（卷三宣阳门）	
532	孝武帝 太昌元年 （元修） 永兴元年 永熙元年	四年	⑤广陵王被废死（卷二景宁寺附归觉寺） ⑥广陵王立龙华寺（卷二龙华寺） ①平阳王入篡大业，造平等寺五层塔（卷二平等寺） ②永熙年中，平阳王即位造砖浮图一所（卷四大觉寺） ③平阳王伐杀神桑(卷一昭仪尼寺附愿会寺)	
533	二年	五年		

（续表）

534	（东）孝静 帝天平元年（元善见）	六年	④七月中，平阳王为侍中斛斯椿所使，奔于长安，十月京师迁邺（卷一永宁寺） ⑤七月中，平阳王为侍中斛斯椿所使，奔于长安，十月京师迁邺（卷二平等寺）	魏收于此时与温、邢并名
535	（东）孝静帝天平二年（西）文帝大统元年（元宝炬）	大同元年		
536	（东）天平三年（西）大统二年	二年		
537	（东）天平四年（西）大统三年	三年		
538	（东）元象元年（西）大统四年	四年		
539	（东）兴和元年（西）大统五年	五年	魏收兼通直散骑常侍，副王昕使梁	
540	（东）兴和二年（西）大统六年	六年		
541	（东）兴和三年（西）大统七年	七年	邢子才与温子昇撰《麟趾新制》十五篇	

（续表）

542	（东）兴和四年 （西）大统八年	八年		
543	（东）武定元年 （西）大统九年	九年		
544	（东）武定二年 （西）大统十年	十年		魏收除正常侍领兼中书侍郎，修史
545	（东）武定三年 （西）大统十一年	十一年		
546	（东）武定四年 （西）大统十二年	十二年 中大同元年		
547	（东）武定五年 （西）大统十三年	太清元年		温子昇参与元谨、荀济等谋刺文襄，事发涉死。杨衒之因行役重览洛阳，发愿著书
548	（东）武定六年 （西）大统十四年	二年		

（续表）

549	（东）武定七年 （西）大统十五年	三年		梁萧祗北来，文襄令邢邵、魏收相对接
550	（东）武定八年 （西）大统十六年 （北）天保元年	梁简文帝大宝元年		北齐高洋称帝，东魏亡
551	（北）天保二年 （西）大统十七年	豫章王天正元年		诏魏收撰史
552	（北）天保三年 （西）废帝元年（元钦）	梁元帝承圣元年		
553	（北）天保四年 （西）废帝 二年	二年		
554	（北）天保五年 （西）废帝三年 恭帝元年（元廓）	三年		魏收除魏尹，专在史阁
				十一月魏史成

第三节　杨衒之笔下的洛阳社会

一、佛教信仰的王国

（1）杨衒之的佛教信仰

关于杨衒之对佛教的态度，历来学者一直持有两派相反的看法。一派认为衒之是强烈的排佛论者，这一派主张的来源是出自唐释道宣《广弘明集》的记载。因为《广弘明集》卷六列有古来王臣讪谤佛法者二十五人，杨衒之赫然在焉。并且还载有衒之力陈佛教弊端的上朝廷书，卷末更说明衒之系“见寺宇壮丽，损费金碧，王公相竞，侵渔百姓，乃撰《洛阳伽蓝记》”。范祥雍就是依据这些资料，断定杨衒之的反佛意识，甚至进一步引申为杨衒之著书的主要动机。[①] 另一派则将杨衒之视为虔诚的佛教徒。如宋朝道原的《景德传灯录》卷三，就记载杨衒之向达摩请示迷津的经过，语甚笃诚恳切。元朝念常的《佛祖历代通载》卷九节录了《传灯录》这件事，清朝李葆恂在《说剑斋重刻集证本》的跋中也附录了这段文字，显然杨衒之是一位虔诚佛教徒的说法也流传成一派。

事实上，杨衒之的生平事迹既然在史传中已完全付之阙如，关于他究竟是信佛还是排佛的问题，最可靠的答案，还是直接从《洛

① 见《洛阳伽蓝记校注》序文。

阳伽蓝记》中去寻找。

细读全书，我们发现：杨衒之除了在胡太后造永宁寺时，用了“营造过度”的字眼加以批评之外，对于真正佛教的信仰者，衒之都笔带敬意。像写永宁寺失火，三比丘赴火殉塔的情景，令人为之动容；像宋云、惠生，衒之写其坚毅跋涉之苦，万里求法之切，令人神往。设若衒之是位排佛者，似乎不会用这种笔调来咏赞这段旅程。所以我们可以看出杨衒之并不排斥佛教，他反对的只是“营造过度”而已。一个激烈的排佛分子，不可能有耐心，来描写佛寺之美和神像之庄严；一个沉迷佛法的信徒，写了如此一部大书，也不可能不顺笔宣扬佛法。正因为杨衒之并不落于任何一端，所以能够以文人特殊的感性，将北魏这个都城的佛教色彩细致地反映出来。

（2）北魏佛教信仰的历史渊源

北魏洛阳佛教信仰的狂热，有其源远流长的历史背景。早在五胡十六国时期，石勒、石虎就奉高僧佛图澄若神①。前秦苻坚统一北方后，还为了迎请鸠摩罗什这位大师，于建元十八年（382）兴师动众地派遣吕光率兵西讨龟兹②。虽然鸠摩罗什在随吕光入华途中，因为前秦的溃败而停留在凉州达十七年之久（385—401），最后仍然被继承关中政权的后秦姚兴迎入长安，待以国师之礼。并且大量翻译佛典，造成北朝佛教译经事业极灿烂的盛况。

---

①《魏书·释老志》：“石勒时，有天竺沙门浮图澄，少于乌苌国，就罗汉入道，刘曜时到襄国。后为石勒所宗信，号为大和尚，军国规谟颇访之，所言多验。”《晋书》卷九十五佛图澄传：“及季龙僭位，迁都于邺，倾心事澄，有重于勒。”

②《晋书》卷九十五鸠摩罗什传：“（坚）乃遣骁骑将军吕光等率兵七万，西伐龟兹，谓光曰：‘若获罗什，即驰驿送之。’”

北魏王朝也继承了这份宗教的狂热。太武帝逐步统一北方之际，向北凉的沮渠蒙逊要求转让昙无谶大师。沮渠蒙逊为了怕楚材晋用而害了昙无谶①。结果太武帝在太延五年（439）平定了北凉之后，命北凉住民三万余迁家于平城，并且将沙门及与佛教有关之物全部东移，奠定北魏早期佛教发展的基础②。虽然太武帝后来因为接受了寇谦之的道教，又受到崔浩的影响，导致了佛教史上的法难（446），但是事隔六年，太武帝的嫡孙，文成帝濬即位后（452）就下诏复兴佛教。最具体的是于第三年的兴光元年秋（454），在平城五层大寺中以道武、明元、太武、景穆、文成五帝名义铸造了一丈六尺高的释迦立像③。随后又在和平初（460）由昙曜在平城西边的武州塞开窟五所，仍旧分别为道武以下五帝镌刻佛像，高者七十尺，次六十尺，这就是闻名中外的云冈五窟佛像④。北魏佛教的发展至此阶段已经比太武废佛之前更蓬勃兴盛了。

献文帝拓跋弘时期，敦信尤甚。天安二年（467）在平城首先造了一座有七层浮图的永宁寺，高三百余尺，当时号称天下第一。又在天宫寺造释迦立像，高四十三尺，用赤金十万斤，黄金六百斤。北魏平城时期的佛教信仰至此可谓愈加炽烈。

太和十七年（493），高祖孝文帝迁都洛阳之后，这阵宗教的

①注书："神䴥中，帝命蒙逊送谶诣京师，惜而不遣。既而惧魏威责，遂使人杀谶。"

②注书："太延中，凉州平，徙其国人于京邑，沙门佛事皆俱东，象教弥增矣。"

③注书："兴光元年秋，敕有司于五级大寺内，为太祖已下五帝，铸释迦立像五，各长一丈六尺，都用赤金二十五万斤。"

④注书："昙曜白帝，于京城西武州塞凿山石壁开窟五所，镌建佛像各一，高者七十尺，次六十尺，雕饰奇伟，冠于一世。"

狂潮仍然由平城南移至洛阳新城。根据《魏书·释老志》的记载，西方高僧都不禁举手膜叹曰："佛国。"我们可以看出北魏洛阳城的佛教信仰，究竟发展到什么境地。下列的图表是汤用彤在《汉魏两晋南北朝佛教史》中，依据《魏书·释老志》所制[①]，兹采列于此，我们可以由此想象杨衒之当年，是如何处身在一片晨钟暮鼓之间了。

我们虽然相信吴若准说杨衒之是"假佛寺之名，志帝京之事"，笔中别有所指，但是在那举国上下齐声宣佛的气氛下，杨衒之必然在相当的程度上，反映了这个佛教王国的景观。

表3　北魏不同时期佛寺概况

年代	寺数	僧尼数	附注
孝文帝太和元年（477）	（平城京城）约百所 （四方）六四七八	（京内）二千余人 （四方）七七二五八人	太和十年遣一三二七僧尼还俗
宣武帝延昌中（512—515）	（天下）一三七二七	（徒侣益众）	此时已迁都洛阳
孝明帝神龟元年（518）	（洛阳城内）五百		
魏末（534）	（洛阳）一三六七 （天下）三万有余	（天下）二百万	佛经流通大集中国，凡有四百一十五部，合一千九百一十九卷

（3）杨衒之笔下的佛教景观

首先，我们发觉到在《洛阳伽蓝记》六十五个寺院中，有

① 见《汉魏两晋南北朝佛教史》。

三十四个属于皇室贵族所立，有十一个是一般士庶所立[①]，虽然士庶所立的寺院规模可能较小，但是在比例上也相当可观。由这里可以看出北魏佛教的信仰，已经有普遍化的倾向，尤其这六十五个，还是杨衒之从一千三百六十七所中挑选出来的，是大的寺院或是附有重要事迹的，要不然士庶所立的比例很可能还要增加。进一步推算京城以外的三万多所，相信士庶所立的比例必然更为可观。

其次，我们注意到洛阳佛寺的国际性，城南的菩提寺，是西域胡人所立；归正寺是南朝降者萧正德所立；城西的法云寺，是西域乌场国胡沙门昙摩罗所立；永明寺则是宣武帝为异国而来的胡僧而立，房庑千间，容人三千。由此可以看出洛阳当时的确是四方咸来辐辏的佛教王国。

再次，我们注意杨衒之述及佛义之处并不多。卷一承明门条提到高祖数诣城西的王南寺，与沙门论义；卷四永明寺条提到陈留王景皓舍宅安置佛徒，京师高僧聚其宅说经义之事；卷四融觉寺条提到北魏比丘昙谟最讲经时千人聚听的盛况，以及天竺国高僧菩提流支翻译昙谟最《大乘义章》为胡书，传至西域之事；再来就是宋云、惠生西行求法之事。除此之外，《洛阳伽蓝记》中的佛寺殊少言及教义。有许多人立寺造像，只是为了求福避祸：胡太后对刘腾的报复是开棺鞭尸，但又勤于礼佛；尔朱荣河阴之役酷杀朝臣二千余人，尔朱世隆又在他死后为其立寺追福。难怪汤用彤在《汉魏两晋南北朝佛教史》中，会认为南北佛教各异

① 据服部克彦统计，《洛阳伽蓝记》所记寺院共六十五寺，其中一般士庶所立者为十二寺，全在城东。按今查城东诸寺，唯璎珞寺条中云："璎珞、慈善、晖和、通觉、晖玄、宗圣、魏昌、熙平、崇真、因果十寺为百姓所供养。"及景宁寺条殖货里中归觉寺系屠户刘胡舍宅所立。共计十一寺。

其趣；南方偏尚玄学义理，北方重在宗教行为。汤氏下此结论，很可能就是受到《洛阳伽蓝记》这本书的影响。

最后，我们注意到洛阳城有关佛教的庆典非常活泼隆盛，并且几乎成了城民日常生活中重要的娱乐。卷一长秋寺条中记载信徒庆祝佛陀圣诞的热闹场面：

四月四日，此像常出，辟邪，师子导引其前，吞刀吐火，腾骧一面。彩幢上索，诡谲不常。奇伎异服，冠于都市。像停之处，观者如堵。迭相践跃，常有死人。

这真是一幅北朝清明上河图的特写。佛诞是四月八日，四月四日长秋寺内的释迦像就被恭抬游街。并且有由人化装成的辟邪和狮子，浩浩荡荡地在前开路，还有吞刀吐火、踩跷走索的卖艺者加入这庆典的行列，整个洛阳的城民拥挤得像一层层的墙，甚至还有踩死人的事情发生，足见城民是如何狂热地卷身在这盛典的狂欢中。

从这里可以清楚地感受到佛教信仰活动和民间百戏交融在一起的色彩。宗教和城民的生活如此活泼地结合在一起，正显示洛阳城作为一个佛教王国的性格。

二、神异之说的舞台

魏晋南北朝本来就是一个政治动乱、学术思想分歧的时代，不论是在民间或是文士之间，经常弥漫着儒家正统以外的鬼怪神异之说。像晋朝的张华、干宝更以修国史之材而作《博物志》《搜神记》

这一类志怪的作品。北魏洛阳城既然是一个宗教气氛浓厚的城市，必然也会流传着许多超现世的事迹。由杨衒之在全书所载的神异事迹中，我们可以拼凑出洛阳社会在这方面的面貌。这些神异记载，大略可以分为三种类型：

（1）国运天移之说的类型

这一类的传说往往是和京师迁邺的字眼牵连在一起的。

寺僧卜国：卷四白马寺条中记载一位沙门赛公善于推算未来，胡太后问他世事，宝公只是故作玄虚地回答道“把粟与鸡呼朱朱”，当时大家都不解其意。建义元年，太后为尔朱荣所杀，大家才豁然悟解这句话就是把一切江山都给了尔朱荣的意思。

佛像流泪与石像移动：卷二平等寺条中的两件事迹。其一是寺中佛像流泪之事。孝昌三年（527）十二月，寺中的佛像面有悲容，流泪不止。结果第二年的四月就发生尔朱荣入洛诛杀百官的惨剧。永安二年（529）三月，此像又流泪，五月果然就发生元颢借梁朝军队入据洛阳，赶走庄帝自行即位的内乱。永安三年此像再度流泪，朝野惊恐不安，终于无可逃避地又发生了尔朱兆擒缢庄帝的逆变。其二是平等寺外石像的事件。永熙二年（533）二月五日那天，当平阳王为了新落成的五层浮图而率百官举行大法会时，石像突然无端地动了起来。第二年就发生了平阳王逃入长安，京师迁邺的国变。

佛像走路与佛像失踪：卷四永明寺条中记载陈景王皓虔诚礼佛，舍宅安置了许多大师。孟仲晖于是造了一尊佛像送给陈景王。永安二年，佛像突然显灵，时常在夜间绕着佛座行走，留了许多脚迹在四周。此事不但引起大家的讶异，并且使许多人因此而信佛。不料到了永熙三年秋天，佛像突然不知去向，当年冬天，果然就发生了“京师迁邺”的大事。

浮图东现：卷一永宁寺的浮图，在永熙三年二月失火，五月有人从东方来，传述当地人看到浮图的影像出现在海上。到了十月，就发生了京师迁邺的大事。

（2）因果报应的类型

卷一修梵寺条中，记载了邢峦贪据古人之物而致死的事。吏部尚书邢峦在家中掘得董卓旧宅的丹砂财物数十万，后来梦见董卓来索取，邢峦不肯给，过了一年邢峦就死了。

卷四宣忠寺条中，记载了祖仁忘恩负义致死之事。祖仁原来受遇于城阳王徽，后来城阳王徽为尔朱兆所追杀，投奔祖仁。没想到祖仁贪图他的财货，竟然杀了城阳王将首级送给尔朱兆，并且侵占了他的财物。结果城阳王的灵魂设法使祖仁被尔朱兆鞭笞而死。

（3）借冥界游行宣扬教义的类型

卷二崇真寺条中，记载了比丘惠凝死后七日复活的事。惠凝死后，阎罗王认为是找错了人，所以放他回阳世。于是，他历历回忆地狱所见：首先他看到的是宝明寺的高僧智圣，他因为生前坚苦坐禅，虔心修行，所以得以升入天堂。另一位般若寺的比丘道品，因为在生前持续念诵《涅槃经》四十卷，也因此得以升入天堂。另外有一位融觉寺的比丘昙谟最，自称在生前时常讲论《涅槃经》《华严经》，阎罗王却说：“讲经的人心中根本就是有人我之分，是一种抬高自己驾凌他人的行为。”要求昙谟最试着坐禅和诵经，昙谟最声言自己就只会讲经，结果被送到西北门一间漆黑的屋中。随后又有一位禅林寺的比丘道弘，称自己一向虔心造作经像，阎罗王却说：“造作经像一定会经手财物，必会引起贪心。”所以同样把他送到昙谟最去的地方。最后一位是灵觉寺的比丘宝真，自称在出家之前曾任陇西太守，并且热心捐造灵觉寺，随后还出家为僧。阎罗王仍宣判他在为官之时，一定贪赃枉法，搜刮民财，才能建造寺宇，于是也将他送入黑门。结果胡太后派徐纥到各寺院去查访，果然皆有其寺且皆有其人。太后于是在内殿供养坐禅僧一百人，并且下诏不得持经像沿街乞索。很显然，这种传说反映出当时佛教信仰行为的反省。一方面看出北方佛教重坐禅诵经而不重视经义的特色；一方面看出胡太后时已有人抗议官吏假借造寺之名敛财图利。

卷三菩提寺也记载了崔涵在地下埋了十二年后复活的故事。崔涵复活后，流落洛阳街头，举止也异于常人，不敢仰视太阳，怕水火和兵刃之类的东西。有一次，却以过来人的身份，建议人们死后要用柏木棺。因为他曾在地府中看到主管兵役的官吏要征召鬼兵，其中有一个鬼兵申诉说他用的是柏棺，依法应该可以免役。主管兵役的官吏却认为他虽然是用柏木为棺，但是里层却用桑木为衬里，所以不能免役。洛阳人士听了，遂争购柏棺，一时柏棺价格大涨。这种异说虽不是在宣扬教义，最后的发展反而变成推销柏棺的趣闻，但是由此可见冥界游行之说在当时极为流行，并且极容易用眼见为真的权威感来宣传某项特定的意图。

（4）讽刺朝政的类型

卷四慈孝、奉终二里条记载了孙岩与狐妻共处三年的事。狐妻临走前，还用剪刀剪下孙岩的头发，并且继续在京邑蛊惑世人。这类传说在高祖太和元年也出现过[①]，当时是由于文明太后私行不

①《魏书》卷一百一十二灵征志上：“高祖太和元年五月辛亥，有狐魅截人发，时文明太后临朝，行多不正之征也。肃宗熙平二年自春，京师有狐魅截人发，人相惊恐。六月壬辰，灵太后召诸截发者，使崇训卫尉刘腾鞭之于千秋门外，事同太和也。”

正，所以民间流传出这类异说。胡太后掌政时不但朝政日益腐化，其私行秽闻更是层出不穷。熙平二年，终于也流传出同样的事端来，显然这是借此来讽刺太后的民间耳语。

卷一昭仪尼寺附愿会寺条中记载了平阳王砍伐神桑之事。平阳王系在高欢的拥立之下，取代了朝野所推崇的广陵王，其处境至为艰兀，对于世间异兆之事也必然动辄加以猜疑，结果竟然将民众所膜拜的五重神桑活生生砍死。砍伐那日，天地变色，神桑流血，见者莫不悲泣。此正是刺讽平阳王之不得民心，违逆众意的措施。

除了以上所述，尚有许多的灵异事迹：卷一昭仪尼寺条中叙述金像与菩萨合声吓捕贼子的故事；卷三大统寺条中叙述洛水之神参加义勇军团的故事；卷四开善寺条中叙述南阳人侯庆向神像许愿又违誓未还，最后遭谴的故事。可以说整个洛阳城无所不在地流传着形形色色的怪异之说。这里面有些当然是属于有心者蓄意散布的灾异征兆，企图造成人们对北魏王朝信心的崩溃，有些则是民间自然流传的逸闻怪谈。杨衒之在伤痛之余，回忆故都之际，将以前流传的神异之说一一记录下来，倒让我们看出北魏洛阳城自胡太后以后，在繁华之外人心的浮动。

三、王侯贵族逐华的金窟

北魏到了宣武孝明胡太后之世，政事日益混乱，百官生活奢烂，尤其一些王公领头竞相以丽宅美食相互夸示角逐，国力更因此而消耗殆尽。杨衒之在卷四法云寺条中写“王子坊”一段时，生动地反映了这种现象。

“王子坊”就是“寿丘里”，占地非常之广。自延酤以西，张方沟以东，南临洛水，北达芒山，这东西二里广，南北十五里长的地带，都是皇族所住的地方。据杨衒之所说，这里的王公外戚“擅山海之富，居川林之饶，争修园宅，互相夸竞”。其中最具代表性的就是河间王琛。他成日只知大起宅院，广置伎乐，和城南的高阳王雍争衡。他为秦州刺史时，并不注意政事，即一味热衷于西域的名马，甚至不惜远至波斯访求。终于得到一匹叫“追风赤骥”的千里马以及其他名马共十几匹。这些马娇贵得都是用银器作食槽，金器作锁环，就这样河间王琛终于把诸王折服了。他对自己这种行为非常自负，常常说：“晋朝的石崇只是平民，都敢于穿华美的衣服，住巧丽的室第，我身为堂堂魏室王族，岂能不过着豪华的生活？”于是又在后园中盖了一座“迎风馆”。“迎风馆”的规模更是令人目眩眼花。有一次章武王看了以后，回家病倒卧床三天。因为章武王一直认为天下只有高阳王雍比他富有，没想到居然又多了一个河间王压在他前头。杨衒之这段文字生动地写出当时王侯争相逐华的心态。

再看卷三高阳王雍的情形。高阳王宅第之华美，杨衒之称“自汉晋以来，诸王豪侈，未之有也”。尤其是他对饮食的考究，更是惊人。“一食必以数万钱为限，海陆珍馐，方丈于前。”难怪洛阳诸王争相以他为角逐的对手。

整个洛阳城就是笼罩在这种挥霍无度的风气中，北魏之亡和这个因素当然不无关系，所以杨衒之在叙述这些奢华景象时，笔端时常流露谴责之意。像写王子坊一段，在极力描写诸王争妍斗奇之后，收尾之处杨衒之突然提起河阴之役的惨剧，来和前面场景两相对照，今昔相比。河阴之役是洛阳由盛入衰的大浩劫，是北方边塞军士对洛阳萎靡生活最严厉的谴责。杨衒之把这件事重新提醒，其心境可想而知。

四、经济活络的市集

中国北方自永嘉之乱后，分裂的政治形势使得商业活动也陷入低潮。在两汉时期，中国经济虽然是以黄河流域为中心，但是经济网的范围，则随着国势的强大与统一而笼罩整个中国[①]。汉末三国以来，帝国分裂为三，中间虽有西晋短暂的统一，无奈根基未固，旋又进入五胡十六国的割据之局。

前秦苻坚将混乱了半世纪的北方理出一个小康局面。史称“关陇清晏，百姓丰乐，自长安至于诸州，皆夹路树槐柳，二十里一亭，四十里一驿，旅行者取给于途，工商贸贩于道”。也就在这种情况下，才会造出像赵掇、丁妃这些家累千金，车服之盛拟则王侯的富商来[②]。可惜前秦的安定也是昙花一现，随着淝水之役北方再度风起云涌兵戈曳地，一直到北魏灭凉，北方才真正有统一的安宁。

北魏虽然统一了北方，但是长江流域已进入刘宋一朝，南北双方的贸易活动仍然只能分别在各自的国境内进行。中间偶尔有边界设市、交易的情形出现[③]，但那是在双方政府监督下进行的活动。并且经过北魏入侵瓜步（今江苏六合县东南）之役后，这项

---

①李剑农《魏晋南北朝隋唐经济史稿》。

②《晋书·苻坚载记》。

③《魏书》卷一百一十《食货志》：“自魏德既广，西域、东夷贡其珍物，充于王府。又于南垂立互市，以致南货，羽毛齿革之属无远不至。”足见当时南北奇货仗此流通。

活动也自元嘉二十七年（450）以后撤销[①]。剩下的是南北使者利用报聘的机会，偶尔做些珍奇异物的交换与小型的贸易，以及民间商贩冒险越境鬻货。

所以北魏的商业活动，事实上只有两大宗。其一是和西域、东方诸国的贸易，其二是北魏国境内本身的贸易。这些活动在迁都洛阳之后，正式蓬勃地发展起来。孝文帝太和十九年开始铸“太和五铢”，庄帝接着在永安年间续铸“永安五铢”的措施，充分显示洛阳城当时经济活络，急需货币制度的支持。

杨衒之对于洛阳城的经济性格，也有极生动的描写。

（1）跨州越郡的商业活动

首先最引人注目的是，洛阳城有一位像刘宝这样超级的强富。杨衒之对这位富贾的商业规模做如下的描绘：

> 州郡都会之处，皆立一宅。各养马十匹，至于盐粟贵贱，市价高下，所在一例；舟车所通，足迹所履，莫不商贩焉。是以海内之货咸萃其庭，产匹铜山，家藏金穴，宅宇逾制，楼观出云，车马服饰，拟于王者。

这种经营方式，俨然就是今日所谓关系企业的规模。刘宝这种商业规模，可以反映出北魏经济活动的活络。刘宝经营的对象，从字面上看来，似乎以“海内之货”为主，是典型的国境内的贸易。

---

①《宋书·颜竣传》曰：“元嘉二十八年，虏自彭城北归后，复求互市……竣议曰：‘昔年江上之役，乃是和亲之所招……幸今因兵交之后，华戎隔判。若言互市，则复开衅敝之萌。’”后来未有复市之闻。至宋孝武即位时，北魏复求通市，世祖诏群臣博议，谢庄等又反对。见《宋书》卷八十五《谢庄传》。

（2）国际贸易的四通市

北魏既然在永桥以南设立四馆四里，以容纳四方之人，洛阳的国际色彩必相当浓厚。据杨衒之记载，当时已有万余家落户于此，和洛阳十万九千余户的人口相较，比例相当高。依常理推测之，无论是在此已附化之民，或是继续自天下四方而来的人士，必然会使“天下难得之货”在此地出现。所以北魏政府特别在洛水之南立了一个“四通市”，就是为了让“商胡贩客”能够在这里从事经济活动。从这里可以看出北魏洛阳城的设计者在这方面的气度。

四通市虽然也包括对南朝的容纳，用的名称是“归正”，仍然是正伪对立的政治举措，所以公开的经济活动应该还是以西域“商胡贩客”的货物为主。西域产品可经由丝路入长安再转洛阳，给这个城市添上缤纷的异国情调。

（3）专业里坊所包围的洛阳大市

洛阳大市周围一共八里，也就是两里见方。南朝建康城的皇城也只是周围八里，由此可以想象北魏洛阳大市的规模。最令人注意的是洛阳大市四周的十个里坊。分别是市东的“通商”“达货”二里，住的是一些商人工匠；市南的“调音”“乐律”二里，住的是一些乐人和制造乐器的工匠；市西的“延酤”“治觞”二里，里内之人酿酒为业；市北的“慈孝”“奉终”二里，里内之人则以丧葬业；再北还有“阜财”“金肆”二里，住的都是些巨商富贾。由这些里坊住民的行业看来，洛阳城的各行各业阶级森严。但是也因为这种世代相传的制度，这些行业各具特色，形成城市活动的原动力。

杨衒之在介绍这些里坊时，事实上等于间接告诉我们洛阳城的社会结构与文化特色了。

五、中原文化的重镇

北魏经过宣武帝正始四年（梁天监六年，507）的钟离之败后，在军力上已经无法对萧梁取得绝对的优势。但是由建都洛阳所带来的文化意识，却愈来愈强烈，使得北魏君臣俨然以中原正统的继承者自居。于是中国历史上的正统之争，居然由鲜卑族与汉族在南北朝的洛阳与建康之间继续展开。由魏收《魏书》称南朝的宋、齐、梁为“岛夷”，萧子显《南齐书》称北魏为“魏虏”的字眼看来，其激烈的程度实不下于军事的对峙。双方在信使的往来上，更是不遗余力地想折服对方抬高自己。像魏、梁通书，本来用的行款是“想彼境内宁静，此率土安和”，后来魏收改成“想境内清晏，今万国安和”[①]，在语辞上既取消了“彼”“此”的界限在语意上更把对方笼罩起来。结果这种行款南方也跟着用了。由此可以想象当时双方在正统上的明争暗斗。

在《洛阳伽蓝记》中，杨衒之对这个问题也做了极强烈的反应。虽然杨衒之在叙述这方面的事情时，颇有夸张激切之处，迥异于他一贯行文的主调[②]，但是滤过衒之笔端上情感的成分，我们仍然可以看到中原文化正统之争，的确是洛阳知识阶层所普遍关切的问题。

其实孝文帝高祖太和十四年（490）议定水德，就是承继司马晋统的宣言，可见在正统上，北魏早在平城时期就以承晋自命。

---

①《北齐书》卷三十七《魏收传》。

② 杨衒之全书凡写地理方位、寺院宫殿，皆出之以冷静之笔。唯事涉史事或南北文化之争，笔调往往转激切。林文月先生《洛阳伽蓝记的冷笔与热笔》一文专论杨衒之的这种笔法。

移都洛阳之后，经过改汉姓、用汉字、禁胡语胡服以及胡汉通婚等措施，在血统习俗上也早已胡汉一体。统计《魏书·名臣传》二百二十二人，汉族凡一百五十七人，占全数百分之七十以上。儒林传十七人，文苑传八人，艺术传十七人，则全数为汉人[①]。可见北魏政权本身汉化的程度相当高。既然在正统上能继承司马晋，在血统上又能与汉交融，则下一步就是要强烈地争取中原文化的代表权。所以杨衒之的这些看法，还是极具代表性的。我们可以从三个角度来看杨衒之对文化重镇的强调：

（1）历史掌故的追溯

首先我们注意到杨衒之特别喜欢强调历史文物的存在。从序文一开始，就详切地介绍某门汉时叫某门，魏晋时叫某门，再来就是高祖沿承门名的情形。似乎有意开门见山地将北魏和汉魏晋历朝紧紧相连。在叙述洛城各地景物时，凡是涉有历史掌故的东西，杨衒之大都不轻易放过，像卷二明悬尼寺条，提及石桥建造历史时，杨衒之特别根据实物指出此桥建于汉阳嘉四年，然后趁机严厉指责东晋戴延之及南齐刘澄之的错误。因为戴、刘二人分别在《西征记》及《山川古今记》中，误认石桥建于晋太康年。杨衒之接下去则笑二人系因“生在江表，未游中土”，言下之意，对于自己能生在中原亲览古物极为自负。其次杨衒之对于现有建筑物的“前身”也极喜欢重加挖掘指认。像赵逸这个人物的功能，大部分是用来指认前朝旧物的。他第一次在卷一昭仪尼寺中，就断言寺旁的水池是石崇的家池，池南就是绿珠楼，引起时人遥想昔年绿珠之容。第二次在卷二龙华寺中，又指出建阳里的土台是西晋时的旗亭，

① 王桐龄《中国民族史》上编第四章。

令人想起当年击鼓罢市的场景。第三次则是在卷二建阳里条中，指出杜子休宅乃是西晋时的太康寺，并且是龙骧将军王浚平吴之后所立的。第四次则是在卷二秦太上君寺条中，指出晖文里是晋时的马道里；延实宅是蜀主刘禅之宅，延实宅东的修和里是吴主皓之宅；李韶宅是晋朝张华之宅。第五次是在卷四宝光寺条，指出宝光寺系晋朝石塔寺。杨衒之如此不厌其烦地驱使赵逸来引古证今，就是为了加强北魏建筑的历史感，进一步让人相信北魏确实是继承了传统的一切。

（2）南人窘态的揭露

表面上，北魏朝廷对于投奔的南人甚为礼遇。像萧宝寅在景明三年（502）奔魏，尚南阳公主，封会稽王，后进爵为齐王[①]；萧综来降，尚庄帝之姐寿阳公主[②]，授齐州刺史，均宠渥有加。事实上民间对这些南人并不尊重，动辄呼来奔的南人为“吴儿”，甚至将其所居之地称为鱼鳖市[③]，就连萧宝寅也不愿意与“夷人同列”，急着想搬离归正里。由此可以看出北魏人士在对待南人的态度上必然有极傲慢处。另外像王导的后人王肃在北奔后，虽然深受高祖宠爱，但是在一次宴会中，仍然不得不把南方的鱼食比喻成邾莒小国，而将北方肉酪奉承为齐鲁大邦，将南方的茗饮折辱成“酪奴”[④]。由此可以看出北朝社会必然弥漫着一种自我陶醉的气氛，才会对王肃造成这心理上的委屈。

---

①《洛阳伽蓝记》卷三宣阳门条。
②《洛阳伽蓝记》卷二龙华寺条。
③《洛阳伽蓝记》卷二景宁寺条。
④《洛阳伽蓝记》卷三报德寺条。

（3）南北正统的辩论

杨衒之除了用以上两种方式来暗示北方的绝对优势之外，更在景宁寺条中，让南北人士当面举行一次争辩，以判定孰优孰劣。这次辩论的缘起，是由跟随萧宝寅一起北奔的张景仁引起的。张景仁和萧衍底下的主书陈庆之在南朝时就有交情。永安二年，陈庆之奉命送北海王元颢入洛即位。张景仁于是在家中宴请陈庆之。同座的还有北魏司农萧彪、尚书右丞张嵩。由于彪也是南方人，当中唯有杨元慎和王吻是中原人士，陈庆之于是借着酒意鼓动众人南奔说："魏朝甚盛，犹曰五胡，正朔相承，当在江左，秦皇玉玺，今在梁朝。"意思是说北魏国势虽强，终究是胡族，若要谈正统的传续，还在江左的南方。因为从秦朝时候就移承下来的玉玺，现在就在梁朝手中。杨元慎听后，立刻义正词严地反驳说："江左假息，僻居一隅。地多湿垫，攒育虫蚁，疆土瘴疠，蛙黾共穴，人鸟同群。短发之君，无杼首之貌；文身之民，禀蕞陋之质。浮于三江，棹于五湖，礼乐所不沾，宪章弗能革。虽复秦余汉罪，杂以华音，复闽、楚难言，不可改变。虽立君臣，上慢下暴。是以刘劭杀父于前，休龙淫母于后，见逆人伦，禽兽不异。加以山阴请婿卖夫，朋淫于家，不顾讥笑。卿沐其遗风，未沾礼化，所谓阳翟之民，不知瘿之为丑。我魏膺箓受图，定鼎嵩洛，五山为镇，四海为家。移风易俗之典，与五帝而并迹；礼乐宪章之盛，凌百王而独高。岂卿鱼鳖之徒，慕义来朝，饮我池水，啄我稻粱；何为不逊，以至于此？"

这一段文字是史书中南北之争的经典之作。杨元慎的意思是说：你们江左只是在一个角落里苟延残喘而已，不但土质不好，又潮湿又多虫蚁，更可怕的是人鸟也混杂在一起，再加上浮沉在南方三江五湖的偏僻之处，完全受不到中原礼乐制度的熏陶。虽然表面上你们也有君臣的制度，但是一点用途都没有，还不是时常发生以下逆上的事情。像刘劭就弑杀他的父亲宋文帝，宋孝武帝更发生和其母乱伦的丑事。还有更不堪的是身为公主之尊，居然敢开口要求面首服侍。你在那里待太久了，对那些伤风败俗的事看多了，反而不知道个中的丑陋。像我们北魏才是受天命而定都嵩洛的，周围有五座名山[①]镇护着，又能德化天下。哪像你们这些南方人，既然仰望德义前来，喝我们的水，又吃我们的粮，却说出这么不明体统的话来。

陈庆之听了这席话回到江南后，从此对北方人士钦佩异常。透过这场辩论，杨衒之的确把洛阳的地位跃升为中原文化唯一的重镇。

① 据《尔雅·释山》，此五山当系“东岳泰山、西岳华山、南岳霍山、北岳恒山、中岳嵩山”。

第四章　文学篇

第一节 前言

北魏的文学发展，到了洛阳时期，终于出现了所谓“北地三才子”的高潮。《隋书·文学传·序》于是将温子昇、邢劭、魏收与南朝的江淹、沈约、任昉并举[①]，并且就此分判南北文学风格的不同。但是细究北魏当时文学的状况，的确无法真正和南朝分庭抗礼。

就量而言，南朝在江、沈、任之外，杰出诗人多得不胜枚举。从东晋以来，早就有谢灵运、陶渊明、鲍照、谢朓这些大家卓然林立。据《隋书·经籍志·集部》所载诸家别集目录来考察：北魏自孝文帝即位，至东魏亡（471—550）八十年间才有孝文帝、高允、李谐、卢元明、袁跃、韩显宗、温子昇、阳固八家（魏收与邢子才隶属北齐）。反观梁朝多达九十四家。萧齐立国虽然只有二十四年（479—502），也有五十五家。刘宋则有五十七家。就数字上的比例来看，简直无法相较[②]。

就风格性质而言，也不是完全如《隋书·文学传·序》所说的北方以“词义贞刚，重乎气质”和南方“宫商发越，贵于清绮”隔江对峙。因为邢劭和魏收都分别有抄袭南人沈约、任昉的嫌

①《隋书》卷七十六文学传序：“暨永明、天监之际，太和、天保之间，洛阳、江左文雅尤盛。于时作者，济阳江淹、吴郡沈约、乐安任昉、济阴温子昇、河间邢子才、巨鹿魏伯起等，并学穷书圃，思极人文，缛彩郁于云霞，逸响振于金石。”

②见《隋书》卷三十五经籍四。

疑[①]，证明北地三才子在文学上一时也未能自觉地独树一帜，和南朝划地而分。

但是在这场南北悬殊的天平上，如果我们在北魏这一方加上杨衒之的这本《洛阳伽蓝记》[②]，也许整个比重会改观。可惜魏徵在作《隋书·文学传·序》时并未将其计算进去。一方面是由于杨衒之在官场上并不得志，到写书时还只是个五品的抚军府参谋长；在诗坛上也没有什么名气，和当代文人并无任何唱酬之作留下来，所以史传中并没有注意到他。另一方面是这本书的性质实在太复杂了。《隋书·经籍志》既然将其归入史部地理类，并未曾视之为文学作品，当然在考虑南北文学时，也不会把杨衒之计算在内。

自《隋书·经籍志》后，《洛阳伽蓝记》时而被纳入子部释家类，时而又被纳回史部地理类[③]，而这两类都属实用性的范畴，可见这

---

①《北齐书》卷三十七《魏收传》："收每议陋邢劭文。劭又云：'江南任昉，文体本疏，魏收非直模拟，亦大偷窃。'收闻乃曰：'伊常于沈约集中作贼，何意道我偷任昉。'任、沈俱有重名，邢、魏各有所好。武平中，黄门郎颜之推以二公意问仆射祖珽，珽答曰：'见邢、魏之臧否，即是任、沈之优劣。'收以温子昇全不作赋，邢虽有一两首，又非所长，常云：'会须作赋，始成大才士。唯以章表碑志自许，此外更同儿戏。'"

② 按郦道元《水经注》亦为北魏时期巨著。历来学者往往将郦书和杨书并置。如《四库全书》则云："其（伽蓝记）文秾丽秀逸，烦而不厌，可与郦道元水经注肩随。"故郦书亦当计算在内。

③ 以史部地理书视之者计有：《旧唐书》卷四十六经籍志入乙部史录地理类。《宋史》卷二百四艺文志入史类地理类。元马端临《文献通考》二百四经籍考入史部地理类。明高儒《百川书 志》五入史地理类。明陈第《世善堂书目》上入史部方州各志类。清瞿镛《铁琴铜剑楼藏书目录》十一入史部古迹类。另有宋尤袤《遂初堂书目》，晁公武《郡斋读书志》，陈振孙《直斋书录解题》，清张金吾《爱日精庐藏书续志》，清钱曾《读书敏求记》亦均以地理类视之。以宗教书视之者计有：《新唐书》卷五十九艺文志入丙部子录道家类，宋郑樵《通志》六十七艺文略入释家类，明焦竑《国史经籍志》四入释家寺观类。

本书的文学性始终没有被真正注意到。一直到了明代毛晋在绿君本后作跋时，才提到此书“妙笔葩芬，奇思清峙”，总算注意到此书的文采，但是说得比较含糊。清朝《四库全书》虽然仍以史部地理类纳之，但是在提要中已经注意到此书的文学特性，云“其文秾丽秀逸，烦而不厌，可与郦道元水经注肩随”，眼光比前家都要来得锐利，可惜提要的说法也还只是点到为止，无法告诉我们：这本书作为一部文学作品来看时，其中的奥秘究竟何在？

事实上，杨衒之不但是写了一本奇书，其至使得传统经、史、子、集的分类都因此而显得局促不足：就地理书的性质而言，《洛阳伽蓝记》在记载建筑物的方位及尺寸的准确度上，都经得起考古学家的考验，就史书的性质而言，《洛阳伽蓝记》几乎全面性地从政治、 经济、文化的层面，反映出北魏洛阳的社会形貌，并且还不时地流露出史家严正的批判精神。在以上种种成分中，只要择取任何一部分，就已足够形成《洛阳伽蓝记》流传不朽的理由，但都还不足以概括这本书的精髓所在。《洛阳伽蓝记》最令人着迷的是，杨衒之居然把上述多样性的成分，融铸成一种极特殊的文学形式。这种文学形式，在中国文学史上，几乎找不到第二部类似的作品可以匹敌。虽然《四库全书》将其和郦道元的《水经注》放在一起看待，事实上《洛阳伽蓝记》和《水经注》性质并不相同，笔法也貌似而神异。《水经注》固然也是一部极优美的作品，在空间上，除了西藏、内蒙古，几乎将中国境内的河川流域都写进去；在时间上，又包括了先秦、秦汉、魏晋南北朝。牵涉时空的博杂，远超过《洛阳伽蓝记》固守北魏京城的格局。但是两书最大的不同是：《洛阳伽蓝记》是一本有思想主题的书，作者凝重深沉的声音，时常若隐若现地回荡在全书各个段落之中；而《水经注》虽然也迭有神来之笔，像江水注写三峡一段，就一直被拿来当写景文学的典范，不过《水经注》在性质上，终究还是应该归类为地理性的书。换句话说，《洛阳伽蓝记》虽然有地学和史学的真切性，却又能以文学性来消融这些庞杂的数据，使整本书形成一个完整的艺术结构。通过这种艺术结构，当我们在读竟此书后，对于洛阳城，除了获得知性上的认识，更会受到一种难以言喻的感动，这才真正是《洛阳伽蓝记》傲视古今的地方。

严格说来，《洛阳伽蓝记》这种极高度的艺术结构，不仅用史部、子部的角度来观察时会失去神采，就是单用集部的角度来探索，也只能停留在所谓“秾丽秀逸”这一类修辞学层面的品鉴而已。若要找出全书雄伟悲壮的美感，只有将这些界限打碎后，才能重新看到这种史学、文学水乳交融的大结构。以下我们分别就“空间与时间的切割”“冷笔与热笔的变换”“真实与虚幻的交错”这三条脉络，来看全书艺术结构的精妙处。

第二节　空间与时间的切割

前面我们一再重复杨衒之写《洛阳伽蓝记》的主要动机，乃是想要把即将逝去的洛阳城，坚坚实实地书写下来：“恐后世无传，故撰斯记。”但是当他开始写作时，洛阳城已经受过几次严重的破坏，面目势必全非。所以这时候出现在他笔端的洛阳城，事实上是记忆中的洛阳城。也就是说杨衒之利用一些当时手头的纸面资料，加上自己尚未完全消失的记忆，重新建构出昔日的图像。因此书中出现的一切景物，都带着时间的影子，必然无形中流荡着一种今昔相对的感伤。我们可以进一步肯定：这些景物在由昔到今当中，往往会有一段沧桑往事，不断地在磨蚀坚硬的空间景物。《洛阳伽蓝记》全书最基本的美学结构，就在于这种由时间磨蚀空间所造成的惆怅惋叹之感。换句话说，全书有两个主角，一个是空间，一个是时间。如何使两个角色有条不紊地发展其互动关系，就成了全书成败的关键。

于是，杨衒之首先要面对的难题是：洛阳城的空间如此繁复，既有城门宫殿的宏伟，又有寺院浮图的庄严，更有园池花林的流丽，再加上街道里坊、市廛河渠等，简直是五光十色，令人目眩眼迷，究竟要如何给它们秩序感，以形成可以和时间对抗的坚硬实体呢？

结果我们发现，杨衒之在处理空间中的各种景物上，的确有其森严的笔法，所以全书中的空间感，呈现着一种极规则的韵律。杨衒之是采取了下列三种方法：

一、严整的方位排列

中国在殷商时期，就有以自己居中，而将四方自东、南、西、北顺时针方向排列的方位观。像殷商卜辞中，帝乙、帝辛间年成的卜辞，就有如下的记载：

东土受年
南土受年
西土受年
北土受年

而这种方位观，自周朝、春秋以来，早已成为中原人士方向思维的一种习惯[①]。杨衒之在分卷时，就已经按照城中、城东、城南、城西、城北的次序分五卷，在序文中介绍城门，也是循着东面三门、南面四门、西面四门、北面二门的方向，逐一安排其空间位置。足见杨衒之在处理空间时，非常用心地建构一副井然有序，而又为大家所熟悉的骨架。有了这副严整的骨架，即使容纳再多的各种景物，也不致失却其空间的严整性。

二、准确的位置标示

既然《洛阳伽蓝记》有着地理书的属性，杨衒之也意在留存既有的一切，则位置的标示当然是首要之事。标示位置的原则在于力求准确，杨衒之为此而使用了客观性的数量与方位词。以下试以永宁寺条为例：

永宁寺，熙平元年，灵太后胡氏所立也。在宫前阊阖门南，一里御道西。

这是《洛阳伽蓝记》介绍建物最典型的方式：先记寺院建造的时间，次及建造者及建造缘起，然后再标示其地理位置，文字刻板生硬，毫无词采可言。但由于在全书中不断地出现，反而形成一种具有权威性质的绝对存在。有时候则会顺此将周遭的建筑物一起标示进去，像永宁寺上段文字之后，就用子注详加定位：

① 见邢义田《天下一家——中国人的天下观》，《中国文化新论·根源》篇。

其寺东有太尉府，西对永康里，南界昭玄曹，北邻御史台。阊阖门前御道东有左卫府，府南有司徒府。司徒府南有国子学。堂内有孔丘像，颜渊问仁、子路问政在侧。国子南有宗正寺，寺南有太庙，庙南有护军府，府南有衣冠里。御道西有右卫府，府南有太尉府，府南有将作曹，曹南有九级府，府南有太社，社南有凌阴里，即四朝时藏冰处也。

我们可以看到杨衒之在这个地方，用的几乎都是实笔，丝毫不加修饰与渲染。这种写法在书中遍拾皆是，完全成了一种公式。

瑶光寺，世宗宣武皇帝所立，在阊阖城门御道北，东去千秋门二里。

——卷一瑶光寺

昭仪尼寺，阉官等所立也。在东阳门内一里御道南。东阳门内道北有太仓、导官二署。东南治粟里，仓司官属住其内。

——卷一昭仪尼寺

龙华寺，宿卫羽林、虎贲等所立也。在建春门外阳渠南。寺南有租场。阳渠北有建阳里，里有土台，高三丈，上作二精舍。

——卷二龙华寺

报德寺，高祖孝文皇帝所立也。为冯太后追福。在开阳门外三里。开阳门御道东，有汉国子学堂。堂前有三种字石经二十五碑……

——卷三报德寺

以上是标示寺院位置的范例。全书既以“伽蓝记”为名，自然以寺院作为标示的据点。而碰上寺院以外的建筑物，诸如苑囿、宅第等，杨衒之也极力维持这种标示法。如卷一建春门内写宫廷华林园时，杨衒之仍然一本往例：

> 华林园中有大海，即魏天渊池。池中犹有文帝九华台。高祖于台上造清凉殿，世宗在海内作蓬莱山，山上有仙人馆，台上有钓台殿。并作虹蜺阁，乘虚来往。至于三月禊日，季秋巳辰，皇帝驾龙舟鷁首游于其上。海西有藏冰室，六月出冰，以给百官。海西南有景阳山，山东有羲和岭，岭上有温风室。山西有姮娥峰，峰上有露寒馆，并飞阁相通，凌山跨谷。山北有玄武池，山南有清暑殿，殿东有临涧亭，殿西有临危台。景阳山南有百果园，果别作林，林各有堂。

华林园是沿承汉代芳林园而来，乃帝王贵族游宴之地，其中必有万端形色可供描写，但是杨衒之不因此而自乱笔例，仍然坚持采用标示位置的笔法。

当这种写法不断地重复在全书各处出现时，原本只是实用性的记录，终于累积成坚硬的空间感。当然这项文学效果的成立，还必须有另一项重要条件的配合：那就是在将这些景物交付给时间切蚀之前，让人先对这些景物有深厚的感情。只有一件精美得令人惊叹的景物在逐渐受到摧毁，人们心中才会有按捺不住的惋痛之情。结果我们又发现杨衒之在标示过景物准确位置之后，会利用另外一种截然不同的词汇，来雕琢这些景物。

三、生动的景物描写

杨衒之此书既然以“伽蓝记”为名，自然要以寺院为标示位置的坐标。相对地，在描写景物时，也就近先从寺院有关的建筑物落笔。虽然六朝时期寺院有中国化的倾向，但是许多正规的寺院仍旧以浮图为中心，次及于佛殿，再及于讲堂、僧房等。又由于舍宅为寺的寺院也为数不少，故又多有及于庭园之描写者。

《洛阳伽蓝记》在描写景物时，虽然不像标示位置那般，故意使用生硬坚实的字眼，却也不是一味地放任笔势、随意挥写。杨衒之仍然极力保有全书的规律感。

首先，在对待寺院的佛塔时，杨衒之除对永宁寺浮图详加描绘之外，在其他寺院还有浮图需要描绘时，则往往以永宁浮图为对照的准则，省略许多繁复的旁支。像卷一瑶光寺：

> 有五层浮图一所，去地五十丈，仙掌凌虚，铎垂云表，作工之妙，埒美永宁。

卷二秦太上君寺：

> 中有五层浮图一所，修刹入云，高门向街，佛事庄饰，等于永宁。

卷三景明寺：

> 太后始造七层浮图一所，去地百仞……妆饰华丽，侔于永宁。

如此一来，在写景工作上，既有生动之实，又无繁复之累。至于描写到浮图以外的禅房、讲殿和庭园时，杨衒之又一改往昔散文笔法，转而用骈文俪句来铺写。今试以卷三景明寺与卷四大觉寺写景部分为例如下：

> 景明寺……前望嵩山、少室，却负帝城。青林垂影，绿水为文，形胜之地，爽垲独美。山悬堂观，一千余间。复殿重房，交疏对霤，青台紫阁，浮道相通。虽外有四时，而内无寒暑。房檐之外，皆是山池，竹松兰芷，垂列阶墀，含风团露，流香吐馥。
>
> ——景明寺

> （广平王）怀所居之堂，上置七佛，林池飞阁，比之景明。至于春风动树，则兰开紫叶；秋霜降草，则菊吐黄花。
>
> ——大觉寺

这种逢上园林宅院则改用骈文俪句的写法，就全书而言，一方面造成多变化的画面，一方面又在变化之中呈现一种统一的秩序。这就是杨衒之在全书中，虽然笔写万端，却丝毫不失之于紊乱的法宝。

一旦完成了固定具体的空间建构之后，附属在后面的历史事件，立刻变成文学结构上重要的角色。这些历史事件不但成了对所有既存空间惋叹的声音，甚至成了一步一步摧毁空间的巨斧。整本《洛阳伽蓝记》之所以不断回荡着世事沧桑的感伤，就是来自这种结构上的奥秘。这样的结构，以永宁寺最为明显。杨衒之在标示永宁寺位置，描写永宁寺的华丽之后，立刻以“孝昌二年，大风发屋拔树，刹上宝瓶，随风而落，入地丈余。复命工匠，更铸新瓶”作为永宁寺崩毁的前兆。再来就是“建义元年，太原王尔朱荣总士马于此寺”，开始回顾一段北魏最惨痛的历史。这段历史，给了永宁寺清洗不掉的血腥。再来就是“北海王元颢复入洛，在此寺聚兵”，永宁寺又经历了一次政变的劫数。再来又是“永安三年，逆贼尔朱兆囚庄帝于寺”，叙述庄帝杀尔朱荣，引起尔朱家族的报复，终于再次发生弑君流血惨剧。至此永宁寺兴建初的光辉，已经为以上一件又一件的史事所掩覆。终于杨衒之在文末写到永宁寺大劫数的来临：“永熙三年二月，浮图为火所烧。”十层的浮图，似乎就这样随着每一段历史事件的发生，而一层一层剥落。

在这种时间、空间交错的结构之下，原本只是客观性的空间，顿时成了有生命个性的存在，悲怆地站在以夕阳为主调的背景上，眼睁睁地接受时间的侵蚀，全书雄伟悲壮的美感，于焉涌来。

下面再以卷四宝光寺条为例。宝光寺是晋朝四十二寺中唯一留存至北魏的寺院。以石为基，显示其坚固性。杨衒之借赵逸描述了此寺的典故历史之后，就开始用一段骈俪文字加以描绘：

> 园中有一海，号咸池。葭菼被岸，菱荷覆水，青松翠竹，罗生其旁。京邑士子，至于良辰美日，休沐告归，征友命朋，来游此寺。雷车接轸，羽盖成阴。或置酒林泉，题诗花圃，折藕浮瓜，以为兴适。

接着又是一段时间记事：

普泰末，雍州刺史陇西王尔朱天光总士马于此寺，寺门无何都崩，天光见而恶之。其年天光战败，斩于东市也。

一座长久历史累积下来的宝光寺，到了北魏末年，也禁不住再三的纷争，而在尔朱天光与高欢的争夺战之前崩坏。

可见全书最基本的美感结构，是建立在这个时间切割空间的形式上。即使他篇偶有清丽明快的景致，也必然要受到永宁寺已崩毁这件既定事实的制约，而被对照成只是一段毁灭前短暂的绚丽而已。

第三节　冷笔与热笔的变换①

空间和时间的关系，除了造成切割的美感形式，其实另外还存在着一种相互调节滋润的关系。这项关系的成立，使得偌大的洛阳空间有了沸腾的人声。

正如上面所言，《洛阳伽蓝记》既有存实的任务，杨衒之在描写空间时，首先要力求准确具体，当然会采取客观性的文字。但是全书如果完全为这种文字所盘踞的话，洛阳城势必成为一座没有生命的静态模型。结果杨衒之在叙述历史事件时，终于出现了不同的文字风格，使得全书形成刚柔交融的美感。

① 本节观点及上部所论杨衒之描写空间的三种方式，系师承林文月先生〈洛阳伽蓝记的冷笔与热笔〉一文的看法，见台大《中文学报》创刊号。

这种准确客观的文字，我们如果称之为“冷笔”的话，那么杨衒之在叙述历史事件时所用的文字，我们可以称之为“热笔”。《洛阳伽蓝记》之所以能够既占有地学、史学的藩篱，又再跨越文学的领域，热笔的画龙点睛之妙是关键所在。杨衒之透过这支热笔，得以不时穿梭出没在书中各个角落，发表他的宣言。这就是杨衒之在书中表面上只正式出场两次，但是我们却随时可以听到他的声音的原因。

一、故国之痛的热笔

所谓“热笔”，倒不一定专指字面上的慷慨激昂。杨衒之的热笔有时候仍然有着凝重的外貌。像三次述及北魏覆亡之事时，杨衒之都以下列的方式顿笔：

> 至七月中，平阳王为侍中斛斯椿所使，奔于长安。十月，而京师迁邺。
>
> ——卷一永宁寺

> 七月中，帝为侍中斛斯椿所使，奔于长安，至十月终，而京师迁邺焉。
>
> ——卷二平等寺

> 永熙三年秋，（像）忽然自去，莫知所之。其年冬，而京师迁邺。
>
> ——卷四永明寺

略为熟习历史的人都知道："京师迁邺"对北魏来讲，等于是亡国的宣言。杨衒之在写书之时，洛阳已形同陆沉。因此我们可以进一步推知，杨衒之既然对北魏洛阳城做了如此细腻的回忆，必然对造成北魏亡国的种种原因也会有深刻的反省和谴责。但是为什么他三次写到洛阳最后一页时，却一再使用这种"戛然而止"的笔势，而不发表任何议论呢？其实这当中才真正是杨衒之的隐痛之处。

正如本书史学篇所言，在这三段引文之前，杨衒之记载了一些灵异的征兆，暗示着北魏的崩毁。这些欲谤毁魏室、谄媚高氏的传言，在当时一定相当盛行。作为一本洛阳城的实录，杨衒之无法避书不载；作为一个北魏历史的反省者，对于这些带有谴责性的征兆，杨衒之也不愿意完全置之不用。换句话说，杨衒之在回忆洛阳过往种种时，心中必然交织着怀念、责难等极复杂的感觉。但是当行文至北魏最后一页时，杨衒之对洛阳城的怀念之情，早已掩盖过谴责之意。所以连续三次，杨衒之都是用大力气将悲愤转抑为沉痛。"京师迁邺"四字看似宁静，其实底层却翻腾着杨衒之激动不已的波涛。这正是杨衒之来自故国之思的热笔。

二、褒忠斥奸的热笔

杨衒之对于整个北魏的沦亡，一方面是由于在情感上陷入爱责交织的纠结中，另一方面则是由于整个事件涉及元魏和高齐政权的起落，所以杨衒之将澎湃的感情蓄笔不发，用力压住。因此我们虽然深深感受到他那灼人的热度，但是并没有见及耀眼的光芒。

可是杨衒之一旦将笔锋转向人物忠奸之论时，我们不但立刻可以感受到那灼人的热度，同时也目眩于他那耀眼的光芒。例如平等寺条中，写尔朱荣之不容于天地之间，真是笔力万钧；尔朱荣为庄帝所杀，尒朱家族再度叛乱得势，在弑杀庄帝拥立广陵王即位后，又想要颠倒是非，篡改史实，替尔朱荣立庙，结果庙刚建成，就连遭天谴。杨衒之写起这件事来，笔锋锐利，大快人心：

立庙于芒岭首阳，上旧有周公庙。（尔朱）世隆欲以太原王（令朱荣）功比周公，故立此庙。庙成，为火所灾。有一柱焚之不尽，后三日雷雨震电，霹雳击为数段。柱下石及庙瓦皆碎于山下。

很显然，杨衒之是将尔朱氏视为洛阳城崩毁的罪魁，所以笔势唯恐其不重。至于魏收对尔朱荣的评论就吞吐得多了。如果有人要再替魏收做辩护的话，也许可以说《魏书》系正式国史，评论角度较宽广，以至亦不得完全抹杀尔朱氏平乱之功云云。此处暂且不论杨、魏二人论史宽窄的问题，但是有一点可以确定的是：杨衒之对于洛阳的感情绝对要超过魏收。所以对于洛阳的罪魁，杨衒之当然毫不宽恕。相对地，耿介之臣经由杨衒之写来，也是令人肃然动容。平等寺在写尔朱荣庙为天雷击毁之后，就继续写刘季明的耿直不屈：

（尔朱世隆）复命百官议太原王配飨。司直刘季明议云不合。世隆问其故，季明曰："若配世宗，于宣武无功；若配孝明，亲害其母，若配庄帝，为臣不终，为庄帝所戮。以此论之，无所配也。”世隆怒曰：“卿亦合死！”季明曰：“下官既为议臣，依礼而言，不合圣心，俘翦惟命。”议者咸叹季明不避强御，莫不叹伏焉。世隆既有忿言，季明终得无患。

杨衒之透过刘季明这一段抗辩之言，等于再度将尔朱荣和太后、明帝、庄帝之间的恩怨史重复一遍，并且活生生地衬托出刘季明仗义执言、宁死不屈的风采。杨衒之身处高齐正欲篡夺元魏之际，举世滔滔难觅直言，杨衒之用力咏叹刘季明这等壮举，正可由此看出他内心的不平处。这支褒忠斥奸的热笔，使得洛阳城成了考验人性的大舞台，倾诉着可歌可泣的传说。

三、南北之争的热笔

在史学篇中，我们已经描述过洛阳社会对于南北正统问题的反应。史书的资料显示当时这种意气之争是相当普遍的。以杨衒之对洛阳城的感情，卷身在这一场纷争之中，是意料中的事。

结果，杨衒之在这个问题上的态度，的确是出奇地激烈，一反他在写洛阳空间时的冷静，也不像在写北魏兴亡、朝臣忠奸这类问题时的是非分明。很显然，在争论南北文化时，杨衒之的热笔甚至变成连他自己都控制不了的火焰。

最明显的例子是写杨元慎和陈庆之的那段过节。根据《南史》的记载，陈庆之性格谨慎，衣着朴素，善带兵打仗。入军北方之时，他的部下一律穿白袍战服，锐不可当，因此洛中还流传着“名军大将莫自牢，千兵万马避白袍”的民谣。可见陈庆之是位相当神勇的南方将帅。但是杨衒之笔下的陈庆之，完全变成一个懦弱无能之徒，居然在受了杨元慎奚落之后，又为了一场病，再度求医于杨元慎，以致遭受莫大的挫辱。再检视《梁书·陈庆之本传》的记载，只约略述及陈庆之第五子陈昕与朱异会面之事，丝毫未提及陈庆之和朱异那段推崇北方典章人物之事。杨衒之在景宁寺条中那段话的真实性，就很令人怀疑了。

至于杨元慎这个人的真实性，则更无从查考了。因为《魏书》并没有这个人的史料。杨衒之对于空间文物的记述特具考证精神，居然在写南北人物的时候，有这么扑朔迷离的手法，这是很耐人寻味的事。当然我们仍然可以把这件事解释成流传在当时洛阳城的逸闻。既然陈庆之的神勇可以制造出洛阳民谣，那么在树大招风之下，记恨他的洛阳人士故意编排扭曲他的事迹，也并非不可能。不过如果再证之杨衒之在卷二明悬尼寺中对南人的态度，我们宁可相信杨衒之在这方面扮演着相当积极的角色。

明悬尼寺的事，在史学篇中也已论述过。在这段文字中的杨衒之，一方面显示其考证古物的客观精神，一方面又流露出其对南人吹毛求疵、小题大做的心态。正因为戴延之是东晋人，刘澄之是南齐人，纵使他们记载石桥建造年代真有遗误，也还不必用到“误我后学、日月已甚”的字眼。以杨衒之彬彬君子之质，遍阅世事沧桑之怀，居然独独在涉及南北文物时，顿时变成毫不妥协的斗士。我们不正可以从这里探触他灵魂中最真的一面。

不论是写故国之痛的热笔，或是褒忠斥奸的热笔，甚或带着偏见的南北之争的热笔，如果从整本书的结构着眼，我们可以看出这三支笔的重要性。因为杨衒之在写空间的时候，不但把洛阳城，乃至于把自己都裹得密不透风，但是在这三支笔的边缘，杨衒之往往不经意地裸露出他灵魂中炽热的光圈。事实上，一部如此长篇巨构，如果不开这几个缺口，让作者的声音从这里迸射出来，整部书岂不是成了一片沉寂的大海，毫无波涛雄壮之美？

第四节　真实与虚幻的交错

由于《洛阳伽蓝记》一开始就先声夺人地以准确真实的姿态摄人于卷首，像序文的详列城门始末，像永宁寺的精工描绘，均令人如亲身置临，所以我们极易全盘地接受杨衒之所写的一切。

事实上杨衒之笔下不乏超现实的事物，但是我们读来却不觉其扞格不入，甚至当杨衒之偷天换日地反过来以虚幻强化真实的时候，我们也毫无警觉。赵逸就是这种手法的代表者。

在史学篇中，我们也已说过，赵逸在书中完成了两项重要任务。其一是指证历史文物，其二是发表杨衒之的史学主张。但是杨衒之是如何让赵逸具有权威的身份，而不流为虚诞人物呢？细观赵逸在全书的出场次序，我们不禁赫然惊叹，杨衒之精心的安排简直是巧夺天工，硬把一个虚假人物落实来写，并且令人深信不疑。

赵逸第一次出场是在昭仪尼寺。当大家正在为寺旁的水池伤脑筋，争论它究竟是不是“翟泉”时，杨衒之简洁有力地塑造了赵逸的权威性：

> 后隐士赵逸云：“此地是晋侍中石崇家池，池南有绿珠楼。”于是学徒始寤，经过者，想见绿珠之容也。

立刻平息了众议。杨衒之只暗示了众人对赵逸的信服，但是并未在此介绍赵逸的身份。第二次赵逸的出场是在卷二龙华寺。他又是简明地让赵逸再度在建阳里指认了晋朝的旗亭。到了第三次出场时，正式介绍赵逸的来龙去脉。原来他是晋朝时的人，难怪对于陈迹旧事了如指掌。不仅如此，还进一步让赵逸和郭璞攀上关系，说郭璞替他算过命，认为他可以活五百岁，而他目前只过了一半。然后杨衒之让他在洛阳盘桓了三年，最后以“三年以后遁去，莫知所在”做了最好的交代。

很显然，杨衒之让我们先接受前面两次的事实，等到赵逸这一次现身说法时，我们早已视赵逸的存在为真实，自然也不易起疑。一旦接受了这一次的出场介绍，下面两次也就顺理成章要继续接受了。

结果我们会很讶异地发现，对于历史文物这种极需要客观性指证的工作，杨衒之居然让一个超现实的虚幻人物来完成，这种手法实在是匪夷所思。

顺着这条路子，赵逸事实上是扮演着真实与虚幻的桥梁人物。透过赵逸这个角色的成立，全书的两个世界的界限算是解除了，所有神异的事件竟因此而不显得孤立突兀。这就是为什么全书在基调上是准确性的写实记录，竟也能和虚幻世界相互补证，甚至可以说：由于《洛阳伽蓝记》在骨架上建构了极真实的空间舞台，反而使得在这里发生的怪异之事有了逼真的属性。杨衒之的才华，魔术般地打通了两个世界的对立性。这对于后代传奇作品的写作，有极深远的影响。魏晋之际的志怪小说都是简短的笔记体语录，只能记事而不能铺演。《洛阳伽蓝记》在一个具体空间的舞台上，以长篇幅叙述一些神异之事，其逼真性几乎使其和历史叙事并置齐观。这种成就，在六朝时期绝对是可以睥睨南北的。

结语

一千多年来，杨衒之这本书始终是极孤独地悬挂在历史的长空中，独自闪烁着寂寞幽冷的光芒。虽然历来不乏学者发出惊叹之声，无奈终究还只是星座间遥阔的仰望而已，并没有真正深入这部书的心脉。所以有些视之为地理书，有些视之为史书，有些则炫于其辞藻之美。

事实上如果真要对《洛阳伽蓝记》做文学评价，我们应该要动用“伟大”这两个字，才撑得起这部书的重量。试想，杨衒之对洛阳城这份真挚而又动人的感情；试想，杨衒之为了保存这份实录所用的曲折心思。甚至把魏收修史之后，尽毁北魏史料这件事计算进去的话，我们更可以体会杨衒之以“伽蓝记”为名的苦心了。

正因为以“伽蓝记”为名，可以避人耳目，这本书在地理分类系统下可以流传下来，在宗教分类系统下也可以流传下来。果然千古之后，我们经由这本书，可以得知更多的北魏真相。

但以上这些也还不足以概括《洛阳伽蓝记》的价值。《洛阳伽蓝记》令人着迷的是，杨衒之将这一切统统融铸成一种前所未有的文体，使得北朝文学奇迹似的矗立起一座奇峰。

为着这一部作品，文学史家在排列六朝文学的位置时，极可能要有一番调整了。

第五章

赏鉴篇

一、以上各篇，我们是把《洛阳伽蓝记》打散了来研究。以下我们挑选五篇最能代表《洛阳伽蓝记》风格的作品，一方面让读者亲自整体地来品鉴这部巨著的神采风韵，一方面用以印证本书以上诸篇的理论。

二、本篇正文子注的分界大致采用杨勇氏《〈洛阳伽蓝记〉校笺》的看法。若和周祖谟氏、徐高阮氏有重大出入者，则于“说明”中再分述三家之见。

三、注解文字，有部分系兼采范祥雍、杨勇二氏之说。

第一节　永宁寺

永宁寺，熙平元年灵太后胡氏所立也。在宫前阊阖门南一里御道西。（其寺东有太尉府，西对永康里，南界昭玄曹[①]，北邻御史台。阊阖门前御道东有左卫府，府南有司徒府。司徒府南有国子学。堂内有孔丘像，颜渊问仁、子路问政在侧。国子南有宗正寺，寺南有太庙，庙南有护军府，府南有衣冠里。御道西有右卫府，府南有太尉府，府南有将作曹[②]，曹南有九级府[③]，府南有太社，社南有凌阴里，即四朝[④]时藏冰处也。）

---

① 昭玄曹：管理僧尼的官署。

② 将作曹：掌管营建宫室陵园的官署。

③ 九级府：铨叙官员品第的官署。魏文帝定九品官人之法，其法郡邑设小中正，州设大中正，品第人才，由小中正以九等第其高下，上诸大中正，大中正核实上诸司徒，司徒再核然后付尚书选用。晋、南北朝皆因之。

④ 四朝：一说指晋时武、惠、怀、愍四帝而言。或云为“西朝”之形误，当指西晋而言。

中有九层浮图[1]一所，架木为之，举高九十丈。有刹[2]复高十丈，合去地一千尺。去京师百里，已遥见之。初，掘基至黄泉下，得金像三十躯，太后以为信法之征，是以营建过度也。刹上有金宝瓶，容二十五石。宝瓶下有承露金盘三十重，周匝皆垂金铎[3]。复有铁鏁四道，引刹向浮图四角；鏁[4]上亦有金铎，铎大小如一石瓮子。浮图有九级，角角皆悬金铎， 合上下有一百二十铎。浮图有四面，面有三户六牕[5]，户皆朱漆。扉上有五行金钉，合有五千四百枚。复有金环铺首[6]。殚土木之功，穷造形之巧，佛事精妙，不可思议，绣柱金铺，骇人心目。至于高风永夜，宝铎和鸣，铿锵之声，闻及十余里。浮图北有佛殿一所，形如太极殿[7]。中有丈八金像一躯，中长金像十躯，绣珠像三躯，金织成像五躯，玉像二躯。作功奇巧，冠于当世。僧房楼观，一千余间，雕梁粉壁，青璅绮疏[8]，难得而言。栝柏松椿，扶疏檐霤[9]，藂竹香草，布护[10]阶墀[11]。是以常景碑云："须弥[12]宝殿，兜率[13]净宫，莫尚于斯也。"外国所献经像，皆在此

① 浮图：又称佛图，即塔也。

② 刹：塔上的幡柱。

③ 金铎：金属做的铃子。

④ 鏁：通"锁"。

⑤ 牕：通"窗"。

⑥ 金环铺首：饰有兽形的门环。

⑦ 太极殿：宫中正殿的名称。《魏志·明帝纪》："青龙三年大治洛阳宫，起太极殿，上法太极，故名。"

⑧ 绮疏：刻有绮文的窗户。

⑨ 霤：屋檐。

⑩ 布护：遍满的样子。

⑪ 阶墀：阶梯也。

⑫ 须弥：山名，佛经言南赡部洲等四大洲之中心，有须弥山，位于大海中，顶上为帝释天所居。

⑬ 兜率：又称兜术，天宫也。《普曜经》云："其兜术天有大天宫，名曰高幢，广长二千五百六十里，菩萨常坐为诸天人敷演经典。"

寺。寺院墙皆施短椽，以瓦覆之，若今宫墙也。四面各开一门。南门楼三重，通三阁道，去地二十丈，形制似今端门。图以云气，画彩仙灵，绮钱青鏁，辉赫丽华。拱门有四力士，四狮子。饰以金银，加之珠玉，庄严焕炳[①]，世所未闻。东西两门，亦皆如之，所可异者，唯楼二重，北门一道不施屋，似乌头门。四门外树以青槐，亘以绿水[②]，京邑行人，多庇其下。路断飞尘，不由奔[③]云之润；清风送凉，岂籍合欢[④]之发？诏中书舍人常景为寺碑文。（景字永昌，河内人也。敏学博通，知名海内。太和十九年为高祖所器，拔为律博士，刑法疑狱，多访于景。正始初，诏刊律令，永作通式。敕景共治书侍御史高僧裕、羽林监王元龟、尚书郎祖莹、员外散骑侍郎李琰之等撰集其事。又诏太师彭城王勰、青州刺史刘芳入预其议。景讨正科条，商榷[⑤]古今，甚有伦序，见行于世，今律二十篇是也。又共芳造洛阳宫殿门阁之名，经途里邑之号。出除[⑥]长安令，时人比之潘岳。其后历位中书舍人、黄门侍郎、秘书监、幽州刺史、仪同三司，学徒以为荣焉。景入参近侍，出为侯牧，屋室贫俭，事等农家；唯有经史，盈车满架。所著文集数百余篇，给事封玮伯作序行于世。）装饰毕功，明帝与太后共登浮图；视宫内如掌中，临京师若家庭，以其目见宫中，禁人不听升。（衒之尝与河南尹胡孝世共

---

① 焕炳：光彩明丽。

② 亘以绿水：亘，引也。绿水，指阳渠之水。

③ 奔：或作“滃”，云兴起的样子。

④ 合欢：树名，属豆科，落叶乔木。《古今注》云：“合欢树似梧桐，枝弱叶盛，互相交结，每一风来，辄自相解，了不相绊缀，树之阶庭，使人不忿。”

⑤ 商榷：商量讨论。

⑥ 除：拜官叫除。也就是除故官就新官的意思。

登之，下临云雨，信哉不虚。）时有西域沙门菩提达摩[①]者，波斯国胡人也。起自荒裔，来游中土，见金盘炫日，光照云表，宝铎含风，响出天外，歌咏赞叹，实是神功。自云年一百五十岁，历涉诸国，靡不周遍；而此寺精丽，阎浮[②]所无也。极佛境界，亦未有此。口唱南无，合掌连日。至孝昌二年，大风发屋拔树，刹上宝瓶，随风而落，入地丈余。复命工匠更铸新瓶。建义元年，太原王尔朱荣总士马于此寺。（荣字天宝，北地秀容人也。世为第一领民酋长，博陵郡公。部落八千余家，有马数万匹，富等天府。武泰元年二月中，帝崩无子，立临洮王世子钊以绍大业，年三岁。太后贪秉朝政，故以立之。荣谓并州刺史元天穆曰："皇帝晏驾[③]，春秋十九，海内士庶，犹曰幼君，况今奉未言之儿，以临天下，而望升平，其可得乎？吾世荷国恩，不能坐看成败，今欲以铁马[④]五千，赴哀山陵[⑤]，兼问侍臣帝崩之由。君竟谓如何？"穆曰："明公世跨并肆，英武志略，雄才杰出，部落之民，控弦一万；若能行废立之事，伊霍[⑥]复见于今日。"荣即共穆结异姓兄弟。穆年大，荣兄事之，荣为盟主，穆亦拜

① 菩提达摩：生平不详，或云为南天竺人，或云为波斯人，相传为最早将禅宗传入我国的僧人。

② 阎浮：梵名，又叫阎浮提。翻译名义集："大论云：阎浮，树名，其林茂盛，此树于林中最大。提名为洲，洲上有此树林，故名阎浮洲。此洲有五百小洲围绕，通名阎浮提。"

③ 晏驾：谓天子初崩也。

④ 铁马：佩有铁甲之马，此喻其士马强悍也。

⑤ 山陵：古称帝王之墓为山陵，此称肃宗之墓。

⑥ 伊霍：伊指伊尹，相传商王太甲无道，宰相伊尹放之于桐宫三年，俟太甲改过，仍复其位。霍指霍光，汉昭帝时为大将军，辅政十三年，昭帝崩，无嗣，迎立昌邑王贺，贺即位失德，霍光废之，改立宣帝。

荣。于是密议长君诸王之中，不知谁应当璧[①]。遂于晋阳，人各铸像[②]；不成，唯长乐王子攸像光相具足，端严特妙。是以荣意在长乐。遣苍头[③]王丰入洛，询以为主。长乐即许之，共克期契。荣三军皓素[④]，扬旌南出。太后闻荣举兵，召王公议之。时胡氏专宠，皇宗怨望，入议者莫肯致言。唯黄门侍郎徐纥曰："尔朱荣马邑小胡，人才凡鄙，不度德量力，长戟指阙，所谓穷辙拒轮[⑤]，积薪候燎[⑥]。今宿卫文武，足得一战，但守河桥[⑦]，观其意趣。荣悬军千里，兵老师弊，以逸待劳，破之必矣。"后然纥言。即遣都督李神轨、郑季明等领众五千镇河桥。四月十一日，荣过河内，至高头驿；长乐王从雷陂北渡赴荣军所，神轨、季明等见长乐王往，遂开门降。十二日，荣军于芒山之北，河阴之野。十三日，召百官赴驾，至者尽诛之，王公卿士及诸朝臣死者二千余人。十四日，车驾入城，大赦天下，改号为建义元年，是为庄帝。于时新经大兵，人物歼尽，流迸之徒，惊骇

---

① 当璧：继承王位也。

② 铸像：《通鉴》卷一百五十二胡三省注："魏人立后，皆铸像以卜之。"《魏书·尔朱荣传》："荣发晋阳，以铜铸高祖及咸阳王禧等六王子孙像，成者当奉为主，唯庄帝独就。"

③ 苍头：奴仆的别称。

④ 皓素：白布衣，丧服也。

⑤ 穷辙拒轮：《庄子·人间世》有"蘧伯玉谓颜阖曰：汝不知夫螳螂乎？怒其臂以当车辙，不知其不胜任也"。意谓其不自量力也。

⑥ 积薪候燎：《汉书·贾谊传》有"夫抱火厝之积薪之下，而夜其上，火未及然，因谓之安，方今之势，何以异此？"意谓其情势危急，很快就会崩溃瓦解。

⑦ 河桥：地名，位于河南孟县之南，为固守黄河的军事重地。

未出。庄帝肇升太极，解网垂仁[①]，唯散骑常侍山伟一人拜恩南阙。加荣使持节中外诸军事大将军、开府北道大行台、都督十州诸军事大将军、领左右[②]、太原王。其天穆为侍中、太尉公、世袭并州刺史、上党王。起家为公卿牧守者，不可胜数。二十日洛中草草[③]，犹自不安，死生相怨，人怀异虑，贵室豪家，弃宅竞窜，贫夫贱士，襁负争逃。于是出诏："滥死者，普加褒赠：三品以上，赠三公；五品以上，赠令仆；七品以上，赠州牧；白民[④]，赠郡镇。"于是稍安。帝纳荣女为皇后。进荣为柱国大将军、录尚书事，余官如故。进天穆为大将军，余官皆如故。）永安二年五月，北海王元颢复入洛，在此寺聚兵。（颢，庄帝从兄也。孝昌末镇汲郡，闻尔朱荣入洛阳，遂南奔萧衍；是年入洛，庄帝北巡。颢登皇帝位，改年曰建武元年。颢与庄帝书曰："大道既隐，天下匪公，祸福不追，与能义绝。朕犹庶几五帝[⑤]，无取六军[⑥]，正以糠粃万乘[⑦]，锱铢大宝[⑧]，非贪皇帝之

① 解网垂仁：《史记·殷本纪》有"汤出，见野张网四面，祝曰：自天下四方，皆入吾网。汤曰：嘻！尽之矣！乃去其三面，祝曰：欲左左，欲右右，不用命，乃入吾网"。此借喻孝庄帝即位后大赦天下。

② 领左右：官名，负责总领全国禁兵。

③ 草草：心中不安，担心获罪也。

④ 白民：平民也。《通鉴》卷一五二胡注："身无官爵谓之白民。"

⑤ 五帝：有关五帝之说历来众说纷纭。司马迁、谯周、应劭等认为是黄帝、颛瑞、帝喾、唐尧、虞舜；而孔安国、皇甫谧则以为是少昊、颛顼、高辛、唐尧、虞舜。

⑥ 六军：一万二千五百人为一军，古者天子统六军，诸侯统三军。

⑦ 糠粃万乘：糠粃，谷皮也。万乘，一万辆兵车，此指天子之位也。糠粃万乘，云其轻视帝位有如糠粃。

⑧ 锱铢大宝：十参为铢，六铢为锱，二者皆数之少者。大宝，指帝位而言。锱铢大宝亦言其轻视帝位也。

尊，岂图六合[①]之富？直以尔朱荣往岁入洛，顺而勤王[②]，终为魏贼，逆刃加于君亲[③]，锋镝肆于卿宰[④]，元氏少长，殆欲无遗，已有陈恒[⑤]盗齐之心，非无六卿[⑥]分晋之计。但以四海横流，欲篡未可，暂树君臣，假相拜置，害卿兄弟，独夫介立，遵养待时，臣节讵久？朕睹此心寒，远投江表，泣请梁朝，誓在复耻。风行建业[⑦]，电赴三川[⑧]。正欲问罪于尔朱，出卿于桎梏，恤深怨于骨肉，解苍生于倒悬[⑨]。谓卿明眸击节[⑩]，躬来见我，共叙哀辛，同讨凶羯[⑪]。不意驾入成皋，便尔北渡，虽迫于凶手，势不自由，或贰生素怀，弃剑猜我，闻之永叹，抚衿而失。何者？朕之于卿，兄弟非远，连枝分叶，兴灭相依，假有内阋[⑫]，外犹御侮；况我与卿，睦厚偏笃，其于急难，凡今莫如[⑬]。弃亲即仇，义将焉据也。且尔朱荣不臣之迹，暴于旁午[⑭]，谋魏社稷，愚智同见。卿乃明白，疑于必然；托命豺狼，委身虎口，弃亲助

---

① 六合：天地四方叫六合。

② 勤王：王室有难，起兵靖乱也。

③ 逆刃加于君亲：此指尔朱荣杀胡太后及幼主事也。

④ 锋镝肆于卿宰：此指高阳王雍等公卿被杀于河阴之事。

⑤ 陈恒：即田常，为齐简公之宰相，杀简公，立平公，并且把持齐国政权。其后人田和篡齐，自立为诸侯。

⑥ 六卿：指晋国大夫韩、赵、魏、范氏、智氏、中行氏。六卿互相并夺，只存韩、赵、魏三家，晋静公二年，三家灭晋而三分其地，史称三家分晋。

⑦ 建业：梁朝首都，故城在今江苏省南京市。

⑧ 三川：郡名，其地有河、洛、伊三川故名。

⑨ 倒悬：比喻困苦也。《孟子·公孙丑》：“民之悦之，犹解倒悬也。”

⑩ 击节：打节拍，此谓击节拍合以响应也。

⑪ 羯：五胡之一，此指羯人尔朱荣。

⑫ 内阋：言兄弟失和也。

⑬ 莫如：不如也。《诗经·小雅》：“凡今之人，莫如兄弟。”

⑭ 旁午：一纵一横为旁午，犹言纵横也。

贼，兄弟寻戈[①]。假获民地，本是荣物，若克城邑，绝非卿有，徒危宗国，以广寇仇，快贼莽之心，假卞庄之利；有识之士，咸为惭之。今家国隆替，在卿与我，若天道助顺，誓兹义举，则皇魏宗社，与运无穷，傥天不厌乱，胡羯未殄，鸱鸣狼噬，荐食河北；在荣为福，于卿为祸。岂伊异人[②]？尺书[③]道意，卿宜三复，义利是图，富贵可保，狥人[④]非虑，终不食言，自相鱼肉。善择元吉[⑤]，勿贻后悔。”此黄门郎祖莹之词也。时帝在长子城，太原王、上党王来赴急。六月，帝围河内，太守元桃汤、车骑将军宗正珍孙等为颢守，攻之弗克。时暑炎赫，将士疲劳；太原王欲使帝幸晋阳，至秋更举大义，未决，召刘助筮之。助曰：“必克。”于是至明尽力攻之，如其言。桃汤、珍孙并斩首，以殉三军。颢闻河内不守，亲率百僚出镇河桥，特迁侍中安丰王延明往守硖石。七月，帝至河阳，与颢隔河相望。太原王命车骑将军尔朱兆潜师渡河，破延明于硖石。颢闻延明败，亦散走。所将江淮子弟五千人，莫不解甲相泣，握手成别。颢与数十骑欲奔萧衍，至长社，为社民斩其首，传送京师。二十日，帝还洛阳。进太原王天柱大将军，余官亦如故。进上党王太宰，余官亦如故。）永安三年，逆贼尒朱兆囚庄帝于寺。（时太原王位极心骄，功高意侈，与夺臧否肆意。帝怒谓左右曰：“朕宁作高贵乡公[⑥]死，不作汉献帝[⑦]生。”九月二十五日，诈

① 寻戈：互相攻打。寻，用也。
② 岂伊异人：言兄弟至亲，不比旁人。
③ 尺书：尺牍书函。
④ 狥人：狥与徇同，以身从物叫徇。此言随从尔朱荣并非佳计。
⑤ 元吉：大吉。《易经》：“黄裳元吉。”
⑥ 高贵乡公：指魏帝曹髦。魏帝因反抗权臣司马昭而被刺身亡。
⑦ 汉献帝：汉朝最后一位皇帝，被逼逊位给权臣曹丕，而改称山阳公。

言产太子，荣、穆并入朝，庄帝手刃荣于光明殿，穆为伏兵鲁暹所杀，荣世子部落大人亦死焉。荣部下车骑将军尔朱阳都等二十人随入东华门，亦为伏兵所杀。唯右仆射尔朱世隆素在家，闻荣死，总荣部曲烧西阳门，奔河桥。至十月一日，隆与荣妻北乡郡长公主至芒山冯王寺为荣追福荐斋[①]，即遣尔朱侯讨伐、尔朱弗律归等领胡骑一千，皆白服来至郭下，索太原王尸丧。帝升大夏门望之，遣主书牛法尚谓归等曰："太原王立功不终，阴图衅逆，王法无亲，已依正刑，罪止荣身，余皆不问。卿等何为不降？官爵如故。"归曰："臣从太原王来朝陛下，何忽今日枉致无理？臣欲还晋阳，不忍空去，愿得太原王尸丧，生死无恨。"发言雨泪，哀不自胜；群胡恸哭，声振京师。帝闻之，亦为伤怀。遣侍中朱元龙赍铁券[②]与世隆，待之不死，官位如故。世隆谓元龙曰："太原王功格天地，道济生民，赤心奉国，神明所知，长乐不顾信誓，枉害忠良，今日两行铁字，何足可信。吾为太原王报仇，终不归降。"元龙见世隆呼帝为长乐，知其不款，且以言帝。帝即出库物置城西门外，募敢死之士以讨世隆，一日即得万人。与归等战于郭外，凶势不摧。归等屡涉戎场，便利击刺[③]；京师士众，未习军旅，虽皆义勇，力不从心。三日频战，而游魂不息[④]。帝更募人断河桥。有汉中人李苗为水军，从上流放火烧桥。世隆见桥被焚，遂大剽生民，北上太行。

---

① 追福荐斋：为死者做法事，以消解其生前的罪愆。

② 铁券：古时帝王颁给功臣的信物，其本人或其后人如遇犯罪，得以铁券为证，予以赦减。

③ 击刺：剑术精良之意。

④ 不息：言兵士死亡很多。

帝遣侍中源子恭、黄门郎杨宽领步骑三万镇河内。世隆至高都，立太原太守长广王晔为主，改号曰建明元年。尔朱氏自封王者八人。长广王都晋阳，遣颍川王尔朱兆举兵向京师。子恭军失利，兆自雷陂涉渡，擒庄帝于式乾殿。帝初以黄河奔急，谓兆未得猝济；不意兆不由舟楫，凭流而渡。是日水浅，不没马腹，故及此难，书契所记，未之有也。衒之曰："昔光武受命，冰桥凝于滹水[①]；昭烈中起，的卢踊于泥沟[②]。皆理合于天，神祇所福，故能功济宇宙，大庇生民。若兆者，蜂目豺声[③]，行穷枭獍[④]，阻兵安忍，贼害君亲，皇灵有知，鉴其凶德。反使孟津由膝，赞其逆心。易称'天道祸淫，鬼神福谦'[⑤]。以此验之，信为虚说。"时兆营军尚书省，建天子金鼓，庭设漏刻[⑥]，嫔御妃主，皆拥之于幕。锁帝于寺门楼上。时十二月，帝患寒，随兆乞头巾，兆不与。遂囚帝还晋阳，缢于三级寺，帝临崩礼佛，愿不为国王。又作五言曰："权去生道促，忧来死路长；怀恨出国门，含悲入鬼乡。隧门[⑦]一时闭，幽庭岂复光？思鸟吟青松，哀风吹白杨[⑧]；昔来闻死苦，何言身自当！"至太昌元年冬，

---

① 冰桥凝于滹水：汉光武帝起兵之初，率兵至滹沱河时，正愁无船可渡，刚好天冷河水结冰，乃得顺利通过。

② 的卢踊于泥沟：三国时荆州主刘表忌惮刘备之为人，曾于宴会中设计谋害，刘备警觉，伪装如厕，暗中乘马的卢逃走，不幸走堕檀溪，急危中幸的卢一跃三丈，遂得逃走。

③ 蜂目豺声：比喻容貌凶恶之人。

④ 行穷枭獍：枭，鸟名，长大后反食其母；獍，兽名，出生不久即反食其父。此喻狠恶忘恩之人。

⑤ 天道祸淫，鬼神福谦：是说上天降祸给淫过的小人，鬼神降福给有德的君子。

⑥ 漏刻：定时器。

⑦ 隧门：墓道之门。

⑧ 白杨：白杨树。陶渊明挽歌诗："荒草何茫茫，白杨亦萧萧。"

始迎梓宫[①]赴京师，葬帝靖陵。所作五言诗，即为挽歌词。朝野闻之，莫不悲恸，百姓观者，悉皆掩泣而已。）永熙三年二月，浮图为火所烧，帝登凌云台望火，遣南阳王宝炬、录尚书长孙稚将羽林一千救赴火所；莫不悲惜，垂泪而去，火初从第八级中平旦大发，当时雷雨晦冥，杂下霰雪，百姓道俗，咸来观火，悲哀之声，振动京邑。时有三比丘[②]赴火而死。火经三月不灭，有火入地寻柱，周年犹有烟气。其年五月中，有人从东莱郡来，云："见图于海中。光明照耀，俨然如新，海上之民，咸皆见之，俄然雾起，浮图遂隐。"至七月中，平阳王为侍中斛斯椿所使，奔于长安。十月，而京师迁邺。

【赏鉴】

如果说洛阳城的归宿是北魏帝国沦亡史的缩影，那么永宁寺的劫数就是洛阳城崩毁的象征。本篇全文长达三千七百余字，但是杨衒之用这样的篇幅，几乎就写成一篇北魏帝国兴亡史。

要品味杨衒之以时间切割空间的笔法，这一篇是最具典范性的作品。

首先我们看到，杨衒之为永宁寺所做的方位标示一丝不苟，并且不厌其烦地堆砌出一个极坚硬、极具体的空间。接着开始对有关永宁寺的一切做生动的描述。当我们开始神驰于这个绚丽的世界时，杨衒之挥出第一把巨斧：

---

① 梓宫：即梓棺，天子之棺也。
② 比丘：梵名，意即出家修道之人。

孝昌二年，大风发屋拔树，刹上宝瓶，随风而落，入地丈余。复命工匠更铸新瓶。

既然是北魏第一大城，是洛阳第一大寺，是如此坚硬的空间，当然不是一刹那就能摧毁的。所以“复命工匠更铸新瓶”，似乎一切又恢复平静。但这段文字给了我们一声预兆，是山雨欲来，秋风乍起。

然后是一段惨不忍睹的悲剧。永宁寺随着这个事件，已经沾上洗不清的血腥了。然后永安二年（529）元颢入洛的事件，也是在永宁寺聚兵。永宁寺再次被卷入政权争夺战的风暴中。接着又再加上永安三年尔朱兆囚庄帝于此的叛逆事件。一连三次的血腥事件，正在逐步侵割着永宁寺的根基。终于来了永熙三年致命的一场大火。至此，我们已分不清永宁寺是毁于自然的大火呢，还是淹没在历史的战火中。

不论如何，这篇文章的结构，让我们感受到一座坚硬华丽的永宁寺，如何眼睁睁地一步一步陷身火海。杨衒之用这种特殊的笔法，造成极悲壮的美感。

而这场永宁寺的大火，形成一种基本色调，深深影响我们在阅读后面篇章时的感觉。在这样悲怆主旋律的制约下，全书其他篇章即使偶有轻快小品，也会被这片火海映照成凄迷的色调。

第二节 建阳里

建阳里东有绥民里，里内有洛阳县。（临渠水，县门外有洛阳令杨机清德碑。）绥民里东崇义里，里内有京兆人杜子休宅。地形显敞，门临御道。（时有隐士赵逸，云是晋武时人。晋朝旧事，多所记录。正光初，来至京师，见子休宅，叹息曰："此宅中朝时太康寺也。"时人未信，遂问寺之由绪。逸云："龙骧将军王浚[①]平吴之后，始立此寺。本有三层浮图，用砖为之。"指子休园中曰："此是故处。"子休掘而验之，果得砖数十万，兼有石铭，云："晋太康六年，岁次乙巳，九月甲戌朔[②]，八日辛巳，仪同三司襄阳侯王濬敬造。"时园中果菜丰蔚，林木扶疏，乃服逸言，号为圣人。子休遂舍宅为灵应寺。所得之砖，还为三层浮图。好事者寻逐之，问晋朝京师何如今日？逸曰："晋时民少于今日，王侯第宅，与今日相似。"又云："自永嘉以来二百余年，建国称王者十有六君[③]，皆游其都邑，目见其事。国灭之后，观其史书，皆非实录，莫不推过于人，引善自向。苻生[④]虽好勇嗜酒，亦仁而不煞，观其

① 王浚：浚字士治，弘农人也。晋武帝太康元年二月平吴，以功拜辅国大将军，封襄阳侯。

② 朔：阴历每月初一叫朔。

③ 十有六君：前赵刘渊、后赵石勒、前燕慕容儁、前秦苻健、后秦姚苌、蜀李雄、后凉吕光、后燕慕容垂、西秦乞伏国仁、北燕冯跋、南凉秃发乌孤、南燕慕容德、北凉沮渠蒙逊、夏赫连勃勃、前凉张轨、西凉李暠共十六个国君。

④ 苻生：苻生，苻健第三子，健死，生僭皇位。晋书载记云其荒淫无度，杀戮无常。后为其从弟苻坚所杀。

治典，未为凶暴，及详其史，天下之恶皆归焉。苻坚[①]自是贤主，贼君取位，妄书生恶。凡诸史官，皆是类也。人皆贵远贱近，以为信然。当今之人，亦生愚死智，惑已甚矣。”人问其故，逸曰：“生时中庸之人[②]耳，及其死也，碑文墓志，莫不穷天地之大德，尽生民之能事；为君共尧舜连横，为臣与伊皋[③]等迹。牧民之官，浮虎慕其清尘[④]，执法之吏，埋轮谢其梗直[⑤]。所谓生为盗跖[⑥]，死为夷齐[⑦]，妄言伤正，华辞损实。”当时构文之士，惭逸此言。步兵校尉李澄问曰：“太尉府前砖浮图，形制甚古，犹未崩毁，未知早晚造？”逸云：“晋义熙十二年刘裕伐姚泓，军人所作。”汝南王闻而异之，拜为义父。因而问何所服饵，以致长年。逸云：“吾不闲养生，自然长寿。郭璞尝为吾筮[⑧]，云寿年五百岁，今始余半。”帝给步挽车[⑨]一乘，游于市里。所经之处，多记旧迹，三年以后遁去，莫知所在。）崇义里东有七里桥，以石为之，中朝杜预之荆州出顿之所也。（七里桥东一里，郭门开三道，时人号为三门。离别者多云相送三门外。京师士子，送去迎归，常在此处。）

---

① 苻坚：苻坚杀苻生后，僭称大秦天王，其国政修明，为五胡中最强盛者。

② 中庸之人：资质中等的普通人。

③ 伊皋：伊，伊尹。皋，皋陶。二人皆为古代贤臣。

④ 浮虎慕其清尘：《后汉书·刘昆传》：“昆字桓公，陈留东昏人，……光武闻之，即除为江陵令。……稍迁侍中、弘农太守。先是崤、黾驿道多虎灾，行旅不通，昆为政三年，仁化大行，虎皆负子渡河。”

⑤ 埋轮谢其梗直：《后汉书》卷五六《张纲传》有“纲字文纪……汉安元年，选遣八使徇行风俗，皆耆儒知名，多历显位，唯纲年少，官次最微。余人受命之部，而纲独埋其车轮于洛阳都亭，曰：‘豺狼当路，安问狐狸！’遂奏曰：‘大将军翼，河南尹不疑……甘心好货，纵恣无底，多树谄谀，以害忠良……’书御，京师震竦”。

⑥ 盗跖：古时大盗之名，传云每日杀一无辜之人。

⑦ 夷齐：夷，伯夷。齐，叔齐。二人皆为古代之圣贤。

⑧ 筮：卜筮。

⑨ 步挽车：用人力拉着走的车。

【赏鉴】

赵逸是介于虚幻与真实之间的角色。就全篇美学结构来讲，赵逸是非常重要的一环。

《洛阳伽蓝记》全书回荡着两个极端矛盾的世界。一个是真实的空间世界，杨衒之用冷静准确的笔，一寸一寸刻画下来的洛阳城；另一个则是虚幻的世界，杨衒之在这里记载了怪力乱神的事件。 这两个性质迥异的世界，究竟如何才能融合在一起呢？结果赵逸的桥梁功能在这里面显现出来了。

杨衒之早就让他先在前面扮演两次指认建筑古迹的角色，于是他的真实性由于依附在全书空间的准确性上，无形中也顺理成章地被接受了。所以全书安排在第三次露面时，才开始揭开他超乎常情的身世。由于有前两次的安排，我们也就非接受他这一次的宣言不可了。

一旦在这一次接受了赵逸，当然也就要继续接受赵逸以后两次的权威性。结果赵逸前后五次的出场，无形中让我们接受了一个似真还幻的世界。那么其他的神异事件也不算突兀了。杨衒之就是如此打通两个世界的对立性，让我们在品读全书时，丝毫不觉其中有任何凹凸不平处。

赵逸的第二个功能是代替杨衒之发表史学宣言。事实上由赵逸这段话，我们可以知道杨衒之是如何忧虑魏收会用怎样的态度来修史。掌握到这一点，更可以体认杨衒之写书的怀抱了。

第三节　平等寺

平等寺，广平武穆王怀舍宅所立也。在青阳门外二里御道北，所谓孝敬里也。堂宇宏美，林木萧森，平台复道[①]，独显当世。寺门外金像一躯，高二丈八尺，相好端严，常有神验，国之吉凶，先炳祥异。（孝昌三年十二月中，此像面有悲容，两目垂泪，遍体皆湿，时人号曰“佛汗”。京师士女空市里往而观之。有比丘以净绵拭其泪，须臾之间，绵湿都尽；更换以它绵，俄然复湿。如此三日乃止。明年四月，尔朱荣入洛阳，诛戮百官，死亡涂地[②]。永安二年三月，此像复汗，士庶复往观之。五月，北海王入洛，庄帝北巡。七月，北海王大败，所将江淮子弟五千，尽被俘虏，无一得还。永安三年七月，此像悲泣如初。每经神验，朝野惶惧，禁人不听观之。至十二月，尔朱兆入洛阳擒庄帝，崩于晋阳。在京宫殿空虚，百日无主，唯尚书令司州牧乐平王尔朱世隆镇京师，商旅四通，盗贼不作。建明二年，长广王从晋阳赴京师，至郭外，世隆以长广本枝疏远，政行无闻，逼禅与广陵王恭。恭是庄帝从父兄也。正光中为黄门侍郎，见元乂秉权，政归近习[③]，遂佯哑不语，不预世事。永安中遁于上洛[④]山中，州刺史泉企执而送之。庄帝疑恭奸诈，夜遣人盗掠衣物，复拔刀剑欲杀之，恭张口以手指舌，竟乃不言。庄帝信其真患，

---

① 平台复道：平台，高台也。复道，阁道也。

② 涂地：满地，遍地也。尔朱荣入洛事详见永宁寺条。

③ 近习：谄佞之人。

④ 上洛：今陕西商县。

放令归第。恭常住龙华寺，至世隆等废长广而立焉。禅文曰：“皇帝咨广陵王恭：自我皇魏之有天下也，累圣开辅，重基衍业[①]，奄有万邦，光宅四海，故道溢百王，德渐无外[②]。而孝明晏驾[③]，人神乏主，故柱国大将军、大丞相、太原王荣，地实封陕[④]，任惟外相，乃心王室，大惧崩沦；故推立长乐王子攸[⑤]以续绝业。庶九鼎[⑥]之命日隆，七百之祚唯永[⑦]。然群飞[⑧]未宁，横流且及，皆狼顾鸱张，岳立棊峙[⑨]，丞相一麾，大定海内，而子攸不顾宗社，仇忌勋德，招聚轻侠，左右壬人[⑩]，遂虐甚剖心[⑪]，痛齐钳齿，岂直金版告怨[⑫]，大鸟感德[⑬]而已！于是天下之望，俄然已移。窃以宸极[⑭]

---

① 重基衍业：重复坚固而厚其基业也。

② 德渐无外：言其德政无所不至也。

③ 晏驾：天子初崩也。孝明帝晏驾事详见永宁寺条。

④ 封陕：比喻其位犹如周、召二公也。《公羊传》：“天子三公者何？天子之相也。天子之相则何以三？自陕而东者，周公主之；自陕而西者，召公主之；一相处乎内。”

⑤ 长乐王子攸：即孝庄帝。

⑥ 九鼎：夏禹铸九鼎，成汤迁之于商邑，周武王迁之于洛邑，为传国之重宝。此借喻为国运也。《汉书·郊祀志》：“禹收九牧之金，铸九鼎，象九州。”

⑦ 七百之祚唯永：比喻国龄绵延久长。《左传》：“成王定鼎于郏鄏，卜世三十，卜年七百，天所命也。”

⑧ 群飞：大乱也。

⑨ 棊峙：“棋”之本字。棊峙，言相持不下，有如棋子之对峙也。

⑩ 壬人：谄佞之人。

⑪ 剖心：比喻妄杀忠臣。《史记·殷本纪》：“纣愈淫乱不止……比干……乃强谏纣。纣怒曰：‘吾闻圣人心有七窍，剖比干观其心。’”

⑫ 金版告怨：夏桀无道，杀忠臣关龙逢，不久庭中地出金版，上书“臣族虐王禽”，意思是说：王今虐杀我，他日必被擒也。

⑬ 大鸟感德：汉安帝时司徒杨震为人刚正不阿，为奸人所害，诏遣归郡，震行至半途而自杀。顺帝即位，其门生虞放、陈翼追讼震事。帝乃下诏以礼改葬震于华阴潼亭，葬后有大鸟高丈余，集震丧前，俯仰悲鸣，泪下沾地，然后飞去。

⑭ 宸极：本为天帝所居之地，此借喻为天子。

不可久旷，神器[①]岂容无主。故权从众议，暂驭兆民。今六军南迈，已次河浦[②]，瞻望帝京，赧然兴愧。自惟薄寡，本枝疏远，岂宜仰异天情，俯乖民望？唯王德表生民，声高万古，往以运属殷忧，时遭多难，卷怀积载，括囊[③]有年。今天眷明德，民怀奥主[④]，历数[⑤]允集，歌讼同臻[⑥]。乃徐发枢机，副兹伫属，便敬奉玺绶[⑦]，归于别邸。王其寅践成业，允执其中[⑧]；虽休勿休[⑨]，日慎一日，敬之哉！”恭让曰：“天命至重，历数匪轻，自非德协三才[⑩]，功济四海，无以入选帝图，允当师锡[⑪]，臣既寡味，识无光远，景命虽降，不敢仰承。乞收成旨，以允愚衷。”又曰：“王既德膺图箓[⑫]，佥属攸归，便可允执其中，入光大麓[⑬]，不劳挥逊[⑭]，致爽人神。”凡恭让者三。于是即皇帝位，改号曰普泰。黄门侍郎邢子才为赦文，

---

① 神器：帝位也。《文选·东京赋》：“巨猾闲衅，窃弄神器。”

② 河浦：水滨也。河浦，黄河之滨。

③ 括囊：寡言也，指广陵王佯瘖不语之事。

④ 奥主：谓国内之主。《左传·昭公十三年》：“国有奥主。”

⑤ 历数：天历运之数，即天道也。

⑥ 歌讼同臻：臻，至也。歌讼同臻，言民心之所向也。《孟子·万章》篇：“尧崩，三年之丧毕，舜避尧之子于南河之南。天下诸侯朝觐者不之尧之子，而之舜；讼狱者不之尧之子，而之舜；讴歌者不讴歌尧之子，而讴歌舜。”

⑦ 玺绶：古时官印必有组绶，所以统称印章为玺绶。此处系指王位。

⑧ 允执其中：谓诚守中庸之道也。《尚书》：“人心惟危，道心惟危，惟精惟一，允执厥中。”

⑨ 虽休勿休：虽然受到称许，也不要沾沾自喜。《尚书·吕刑》：“虽畏勿畏，虽休未休。”

⑩ 三才：天、地、人也。《易·系辞传》：“易之为书也，广大悉备，有天道焉，有人道焉，有地道焉，兼三才而两之。”

⑪ 师锡：师，众也，锡，献也，言众人共同推举也。

⑫ 图箓：即图谶，乃天帝所赐予之符信也。

⑬ 大麓：大山下林木畅茂之处。此借喻为天子之事，《尚书·尧典》：“纳于大麓，烈风雷雨弗迷。”

⑭ 挥逊：挥，通“伪”。挥逊，过分谦抑也。

叙述庄帝枉杀太原王之状。广陵王曰："永安手翦强臣，非为失德，直以天未厌乱，故逢成济之祸[①]。"谓左右："将笔来，朕自作之。"直言门下："朕以寡德，运属乐推[②]，思与亿兆，同兹大庆。肆眚[③]之科，一依恒式。"广陵杜口八载，至是始言。海内庶士，咸称圣君。于是封长广为东海王，世隆加仪同三司、尚书令、乐平王，余官如故。赠太原王相国、晋王，加九锡[④]，立庙于芒岭首阳[⑤]。上旧有周公庙，世隆欲以太原王功比周公，故立此庙。庙成，为火所灾。有一柱焚之不尽，后三日雷雨震电，霹雳击为数段。柱下石及庙瓦皆碎于山下。复命百官议太原王配飨[⑥]。司直刘季明议云不合。世隆问其故，季明曰："若配世宗，于宣武无功；若配孝明，亲害其母[⑦]；若配庄帝，为臣不终，为庄帝所戮。以此论之，无所配也。"世隆怒曰："卿亦合死！"季明曰："下官既为议臣，依礼而言，不合圣心，俘翦[⑧]惟命。"议者咸叹季明不避强御，莫不叹伏焉。世隆既有忿言，季明终得无患。初，世隆北叛，庄帝遣安东将军史仵龙、平北将军杨文义各领兵三千守太行岭，侍中源子恭镇河内。及尔朱兆马首南向，仵龙、文义等率众先降。

---

① 成济之祸：魏帝曹髦因反抗权臣司马昭，而被司马昭党羽成济所刺。此借言庄帝为尔朱兆所缢之事。

② 乐推：言群臣乐而共推之为皇帝也。

③ 肆眚：眚，过也。肆眚，赦免有罪之人。

④ 九锡：古时天子赐臣子有大功者衣物等九事，叫作九锡。《公羊传》："王使荣叔来，锡桓公命。"何注："礼有九锡：一曰车马，二曰衣服，三曰乐则，四曰朱户，五曰纳陛，六曰虎贲，七曰弓矢，八曰斧钺，九曰秬鬯。皆所以劝善扶不能。"

⑤ 首阳：山名，在今河南偃师县西北。

⑥ 配飨：古时臣若有功于国，可陪祀于先帝之庙。

⑦ 亲害其母：指尔朱荣杀孝明帝母胡太后之事。

⑧ 俘翦：囚杀也。

子恭见仵龙、文义等降，亦望风溃散。兆遂乘胜逐北，直入京师，兵及阙下，矢流王室。至是论功，仵龙、文义各封一千户。广陵王曰："仵龙，文义，于王有勋，于国无功。"竟不许。时人称帝刚直。彭城王尔朱仲远，世隆之兄也，镇滑台[①]，表用其下都督乙瑗为西兖州刺史，先用后表。广陵答曰："已能近补，何劳远闻！"世隆侍宴，帝每言："太原王贪天之功[②]，以为己力，罪有合死。"世隆等愕然。自是已后，不敢复入朝。辄专擅国权，凶慝滋甚，坐持台省，家总万机，事无大小，先至隆第，然后施行。天子拱己南面[③]，无所干预。）永熙元年，平阳王入纂大业[④]，始造五层塔一所。（平阳王，武穆王少子。）诏中书侍郎魏收等为寺碑文。至二年二月五日，土木毕工，帝率百僚作万僧会[⑤]。其日，寺门外有石象，无故自动，低头复举，竟日乃止。帝躬来礼拜，怪其诡异。中书舍人卢景宣曰："石立社移，上古有此，陛下何怪也？"帝乃还宫。明年七月中，帝为斛斯椿所使[⑥]，奔于长安。至十月终，而京师迁邺焉。

---

① 滑台：今河南滑县。

② 天之功：谓天职也。《左传》："窃人之财，犹谓之盗，况贪天之功，以为己力乎？"

③ 拱已南面：言无为而治也。

④ 平阳王入纂大业：高欢入洛阳，逼广陵王禅位于平阳王脩，是为孝武帝。后武帝又从斛斯椿言，带兵伐高欢，未克，为椿所逼，出奔长安，依宇文泰，是为出帝。魏亦从此分为东、西两国。

⑤ 万僧会：盛大的法会。

⑥ 使：逼迫也。

【赏鉴】

平等寺与永宁寺是洛阳崩毁的二重奏。差别在于永宁寺用的是“冷笔”，而平等寺用的是“热笔”。

由于《永宁寺》一文有极具体的空间感，永宁寺院本身就是洛阳城的象征。于是我们关注的焦点早已转移到永宁寺院本身上去。换句话说，所有的历史事件，都只成了永宁寺院的注脚。所以不论杨衒之写了多少历史事件，我们关心的还是永宁寺一层一层崩毁的悲剧。而杨衒之似乎也是在痛定思痛的冷静下，写下这段经过。

但是到了平等寺的时候，并没有具体的空间可以用来转移情感的悲痛，历史事件立刻海涛般涌来。试看杨衒之写广陵王：“广陵杜口八载，至是始言。海内庶士，咸称圣君。”历经北魏多年的积弱后，终于出现一个能够动心忍性的君王，杨衒之寄望之殷切，可想而知。无奈最后还是无法力挽狂澜。刘季明的一席话出现在这举世滔滔之际，代表正义对抗邪恶的声音，直可振聋发聩。杨衒之写这一段，酣畅淋漓，那支热笔几乎要燃烧起来。可恨的是，这些一闪即逝的光辉，都随着“永熙元年，平阳王入纂大业”而被吞噬掉了。我们可以在这里体会到杨衒之笔端下难以抑制的波涛。

像刘季明这样一段精彩的抗辩之言，魏收居然不录。要说魏收不知道此事的成分极少，因为在《尔朱荣传》中，魏收就记载了尔朱荣最后配飨于高祖庙庭的事，这应该是经过朝廷议论之后的权宜之计。高氏家族的行为和尔朱氏实在太过于雷同了，以致魏收在论尔朱氏时，总是遮遮掩掩，不够利落。

关于平等寺佛像流泪的事迹，《魏书·灵征志》也有记载：“永安、普泰、永熙中，京师平等寺定光金像每流汗，国有事变，时咸畏异之。”足见这种传言在北魏的盛行。但是杨衒之写这些事的笔调和魏收不同。魏收终究是以北齐的史官来写北魏，凡有异征之事，魏收唯恐其事不多。因为这样正可以符应天命在齐的征兆。但是杨衒之的身份是北魏子民。当他对洛阳城做最深情的回顾时，回想起以前种种传言，自也无法完全不相信天命之无情。差别就在于叙述这些事情时的笔调。

杨衒之在这些接连而来的预兆中，标举出广陵王之贤、刘季明之忠，就是要造成一种人与天相抗争的执着。虽然最后还是天命难抗。但是杨衒之对天命的态度，显然和魏收有着极大的分野。杨衒之对天命有着极沉痛的指责。只要我们回头想想在永宁寺中，当尔朱兆因为水浅，而得以渡河擒庄帝时，杨衒之那段对天意的抗议之言，就可以了解杨衒之的立场。反观魏收所用的笔调，纯是顺水推舟的迎合之言，丝毫看不到他对前朝的感情。因此杨衒之这种对北魏的一往情深，就越发显出其人格的芬芳。

第四节　宣忠寺

宣忠寺，侍中司州牧城阳王徽所立也。在西阳门外一里御道南。（永安中，北海入洛[①]，庄帝北巡，自余诸王，各怀二望，

① 北海入洛：北海指北海王元颢，入洛之事详见卷一永宁寺条。

唯徽独从庄帝至长子城[①]。大兵阻河，雌雄未决，徽愿入洛阳舍宅为寺；及北海败散，国道重晖，遂舍宅焉。永安末，庄帝谋去杀尔朱荣，恐事不果，请计于徽。徽曰："以生太子为辞，荣必入朝，因以毙之。"庄帝曰："后怀孕未十月，今始九月，可尔已不？"徽曰："妇人产子，有延月者，有少月者，不足为怪。"帝纳其谋。遂唱[②]生太子。遣徽驰诏，至太原王第告云："皇储诞育。"值荣与上党王天穆博戏[③]，徽脱荣帽，懽[④]舞盘旋。徽素大度量，喜怒不形于色；兼内外懽叫，荣遂信之，与穆并入朝。庄帝闻荣来，不觉失色。中书舍人温子昇曰："陛下色变！"帝连索酒饮之，然后行事。荣、穆既诛，拜徽太师司马，余官如故，典统禁兵，偏被委任。及尔朱兆擒庄帝，徽投前洛阳令寇祖仁。祖仁一门三刺史，皆是徽之将校，少有旧恩，故往投之。祖仁谓子弟等曰："时闻尔朱兆募城阳王甚重，擒获者千户侯，今日富贵至矣！"遂斩送之。徽初投祖仁家，赍金一百斤，马五十匹。祖仁利其财货，故此行事。所得金马，缌亲[⑤]之内均分之。所谓"匹夫无罪，怀璧其罪"[⑥]，信矣。兆得徽首，亦不勋赏祖仁。兆忽梦，徽云："我有黄金二百斤，马一百匹，在祖仁家，卿可取之。"兆悟觉，即自思量：城阳禄位隆重，未闻清贫，常自入其家采掠，本无金银，此梦或真。至晓，掩祖仁，征其金马。祖仁谓人密告，望风

---

① 长子城：在今山西长子县。

② 唱：高呼也。

③ 博戏：下棋也。

④ 懽：通"欢"。

⑤ 缌亲：缌，缌麻也，乃五服中最轻者。缌亲即远亲。

⑥ 匹夫无罪，怀璧其罪：匹夫，一夫也。璧，美玉也。言本来无罪，因为拥有美玉而获罪。

欵服[①]，云："实得金一百斤，马五十匹。"兆疑其藏隐，依梦征之。祖仁诸房素有三十斤，马三十匹，尽送致兆，犹不充数。兆乃发怒捉祖仁，悬首高树，大石坠足，鞭垂之，以及于死。时人以为交报。杨衒之云："崇善之家，必有余庆，积祸之门，殃所毕集。祖仁负恩反噬，贪货杀徽，徽即托梦增金马，假手于兆，还以毙之。使祖仁备经楚挞[②]，穷其涂炭[③]，虽魏侯之笞田蚡[④]，秦主之刺姚苌[⑤]，以此论之，不能加也。）

【赏鉴】

杨衒之在序文中，对于全书的取材范围做了说明："然寺数最多，不可遍写，今之所录，止大伽蓝。"但是杨衒之如果只依据这个原则来取材，全书势必变成完全以寺院为主，名副其实的"伽蓝记"，无法灵活论史叙事。因为不见得每一所大寺院都可以带出有价值的事迹来。结果杨衒之又加上一句："其中小者，取其详世谛事，因而出之。"一旦设了这一个条例，等于开了方便之门，

---

① 欵服：欵，"款"之俗字。欵服，佩服也。

② 楚挞：楚，扑打的工具。挞，打也。

③ 涂炭：比喻困苦也。《尚书·仲虺》语："民坠涂炭。"

④ 魏侯之笞田蚡：汉魏其侯窦婴与好友灌夫往贺丞相田蚡婚宴，灌夫醉骂田蚡，蚡怒而处以死刑，窦婴抗议，亦被处死。其后田蚡病，直呼谢罪，使巫者视之，则见窦婴与灌夫共笞打田蚡，蚡竟因此病死。

⑤ 秦主之刺姚苌：姚苌本仕苻坚有战功，后坚子壑伐慕容泓，苌为其副将，而壑死，苌使使者谢罪，但不为坚所谅，故逃入渭北自称秦王。后苻坚为慕容冲追击，逼入五将山，苌遣兵捕杀之。次年，苌即帝位，发坚墓鞭尸，并以荆棘充入墓穴中。其后苌生病，梦见坚遣鬼兵来追而逃入后宫，宫人持矛欲刺鬼兵，误中苌，拔矛则血流石余，后遂发狂而死。

让杨衒之有时候可以完全以事件为主，寺院为辅。宣忠寺的写法，就是典型的例子。

《宣忠寺》全文长达四百五十余字，正文却只有二十五字，即使按照徐高阮和周祖谟的说法，断至“徽愿入洛阳舍宅为寺”为止，也只有七十一字。正文和子注的差距仍然相当悬殊。由此可见杨衒之写宣忠寺的目的，纯粹是要记载城阳王元徽的事迹。这种情形在卷四追先寺中也可以看到。该篇只有“追先寺，侍中尚书令东平王略之宅也”十五字为正文，其他五百七十余字均为子注。主要在叙述元略避元乂专权之乱，逃到南朝，受萧衍礼遇的始末。除了这两篇较显著的例子，像卷二景宁寺、卷三菩提寺、卷四冲觉寺、卷五凝玄寺等都是这种写法。尤其凝玄寺一篇，主要的目的在于写宋云、惠生西行求法的经历。虽然关于子注正文的分界，徐高阮和杨勇的划分出入很大，但是凝玄寺之所以会被杨衒之选上，绝对是为了宋云、惠生的事迹，而不是凝玄寺院的建筑景观。这是读《洛阳伽蓝记》要体会杨衒之笔法回转妙义的地方。

现在我们再回头来看宣忠寺本篇。关于本篇叙述及温子昇助庄帝剪除尔朱荣始末，前史学篇中已有论述，此处不再赘述。此处我们要注意的是杨衒之在篇末的议论。这种挺身而出的议论方式，在全书中只有两次，还有一次是在永宁寺中，评论庄帝为尔朱兆所擒之事。

有趣的是，在永宁寺中杨衒之是指责天道之不公，因为尔朱兆这样“蜂目豺声”的暴徒，为什么老天突然让黄河水浅，以致尔朱兆得以涉水而过。但是在宣忠寺这里，杨衒之又对祖仁的不义，受到报应而盛赞天道。在那样一个宗教气氛浓厚的时空里，要杨衒之不受神秘世界的影响是不可能的。但是我们可以看到，当这不可测的天意若是违反人间正义时，杨衒之立刻挺而责之。事实上，也就是这份强烈的道德勇气，才使杨衒之排除万难，写下这本名山之作。

第五节 法云寺

法云寺，西域乌场国胡沙门[①]昙摩罗所立也。在宝光寺西，隔墙并门。（摩罗聪慧利根[②]，学穷释氏，至中国，即晓魏言隶书，凡所闻见，无不通解，是以道俗贵贱，同归仰之。）作祇洹一所，工制甚精，佛殿僧房，皆为胡饰。丹素炫彩，金玉垂辉。摹写真容，似丈六[③]之见鹿苑[④]；神光壮丽，若金刚[⑤]之在双林[⑥]。伽蓝之内，花果蔚茂，芳草蔓合，嘉木被庭。京师沙门好胡法者，皆就摩罗受持之。戒行真苦，难可揄扬。秘咒神验，阎浮[⑦]所无。（咒枯树能生枝叶，咒人变为驴马，见之莫不忻怖。）西域所赍舍利[⑧]及佛牙[⑨]经像，皆在此寺。寺北有侍中尚书令临淮王彧宅。（彧博通典籍，辨慧清悟，风仪详审，容止可观。至三元[⑩]肇庆，

---

① 沙门：僧侣的别称。

② 利根：佛家语，谓根性明利。

③ 丈六：指佛身而言。

④ 鹿苑：即鹿野苑，是佛成道的地方。

⑤ 金刚：宝石名，比喻佛之法身。

⑥ 双林：佛涅槃的地方。

⑦ 阎浮：见永宁寺注释。

⑧ 舍利：即骨。《魏书·释老志》：“佛既谢世，香木焚尸，灵骨分碎，大小如粒，击之不坏，焚之不燋，或有光明神验，胡言谓之舍利。”

⑨ 佛牙：佛身火化时，全身悉为细粒之舍利，其一分之牙不损，现形在灰烬中，叫作佛牙舍利。

⑩ 三元：阴历正月初一乃岁之始、月之始及日之始，所以又叫三元。

万国齐珍[①]，金蝉曜首，宝玉鸣腰，负荷执笏，逶迤复道[②]，观者忘疲，莫不叹服。或性爱林泉，又重宾客。至于春风扇扬，花树如锦，晨食南馆，夜游后园，僚寀[③]成群，俊民满席。丝桐发响，羽觞[④]流行，诗赋并陈，清言乍起，莫不饮其玄奥，忘其褊恡[⑤]焉。是以入彧室者，谓登仙也。荆州秀才张裴常为五言，有清拔之句云："异林花共色，别树鸟同声。"彧以蛟龙锦赐之。亦有得绯䌷绯绫[⑥]者。唯河东裴子明为诗不工，罚酒一石。子明八斗而醉眠，时人譬之山涛。及尔朱兆入京师，彧为乱兵所害，朝野痛惜焉。）出西阳门外四里御道南有洛阳大市，周回八里。市东南有皇女台。（汉大将军梁冀所造，犹高五丈余。景明中，比丘道恒立灵仙寺于其上。）台西有河阳县，台东有侍中侯刚宅。市西北有土山鱼池。（亦冀所造，即汉书所谓"采土筑山，十里九坂，以象二崤[⑦]"者。）市东有通商、达货二里。里内之人，尽皆工巧、屠贩为生，资财巨万。（有刘宝者，最为富室。州郡都会之处，皆立一宅。各养马十匹，至于盐粟贵贱，市价高下，所在一例，舟车所通，足迹所履，莫不商贩焉。是以海内之货，咸萃其庭，产匹铜山[⑧]，家藏金穴。宅宇逾制，楼观出云，车马服饰，拟于王者。）市南有

① 万国齐珍：各国一齐进贡珍奇异物，班固《东都赋》："是日也，天子受四海之图籍，膺万国之贡珍，内抚诸夏，外绥百蛮。"

② 逶迤复道：逶迤，行进的样子。复道，亭阁之走道。

③ 僚寀：官员也。

④ 羽觞：酒杯。

⑤ 褊恡：狭隘鄙陋也。

⑥ 绯䌷绯绫：绯，红色的布帛。䌷，俗作绸，大丝缯也。绫，有花纹的缯布。

⑦ 二崤：崤指崤山，在今河南洛宁县北六十里，因崤山有二陵，所以叫二崤。

⑧ 产匹铜山：言其家财万贯，非常富有。《史记·邓通传》："文帝赐邓通蜀严道铜山，得自铸钱。邓氏钱布天下，其富如此。"

调音、乐律二里。里内之人，丝竹讴歌，天下妙伎出焉。（有田僧超者，善吹笳，能为壮士歌、项羽吟，征西将军崔延伯甚爱之。正光末，南平失据[①]，虐吏充斥，贼帅万俟丑奴寇暴泾、岐[②]之间，朝廷为之旰食[③]。延伯总步骑五万讨之。延伯出师于洛阳城西张方桥，即汉之夕阳亭也。时公卿祖道[④]。车骑成列。延伯危冠长剑，耀武于前，僧超吹壮士笛曲于后；闻之者懦夫成勇，剑客思奋。延伯胆略不群，威名早著，为国展力，二十余年，攻无全城，战无横阵，是以朝廷倾心送之。延伯每临阵，常令僧超为壮士声，甲胄之士，莫不踊跃。延伯单马入阵。旁若无人，勇冠三军，威镇戎竖，二年之间，献捷相继。丑奴募善射者射僧超，亡，延伯悲惜哀恸，左右谓："伯牙之失钟子期，不能过也。"后延伯为流矢所中，卒于军中。于是五万之师，一时溃散。）市西有延酤、治觞二里。里内之人，多酿酒为业。（河东人刘白堕善能酿酒，季夏六月，时暑赫晞[⑤]，以罂[⑥]贮酒，暴于日中，经一旬[⑦]，其酒不动，饮之香美而醉，经月不醒。京师朝贵，多出郡登藩，远相饷馈，逾于千里，以其远至，号曰"鹤觞"，亦名"骑驴酒"。永熙年中，南青州刺史毛鸿宾赍酒之藩，逢路贼，盗饮之即醉，

---

① 南平失据：魏孝明帝正光五年四月，高平镇民赫连恩等造反，共推敕勒酋长胡琛为高平王，攻高平镇，为魏将卢祖迁击退。十一月，高平人攻杀卜胡，迎接胡琛入城，高平镇失陷。

② 泾、岐：泾指泾州，在今甘肃东部泾州一带。岐指岐山，在今陕西岐山县东北。

③ 旰食：旰，日晚也。旰食，比喻忧心操劳，不能按时进食。

④ 祖道：饯行也。

⑤ 赫晞：非常炎热。

⑥ 罂：盛酒酱的瓦器。

⑦ 旬：十日为旬。

皆被擒获。因复命“擒奸酒”。游侠语曰：“不畏张弓拔刀，唯畏白堕春醪[①]。”)市北慈孝、奉终二里。里内之人，以卖棺椁为业，赁辆车为事。（有挽歌孙岩，娶妻三年，不脱衣而卧，岩因怪之，伺其睡，阴解其衣，有毛长三尺，似野狐尾。岩惧而出之。妻临去，将刀截岩发而走，邻人逐之，变成一狐，追之不得。其后京邑被截发者一百三十余人。初变妇人，衣服靓妆[②]，行于道路，人见而悦近之，皆被截发。当时有妇人着彩衣者，人皆指为狐魅。熙平二年四月有此，至秋乃止。）别有阜财、金肆二里，富人在焉。凡此十里，多诸工商货殖之民。千金比屋，层楼对出，重门启扇，阁道交通，迭相临望。金银锦绣，奴婢缇衣[③]；五味八珍[④]，仆隶毕口[⑤]。（神龟年中，以工商上僭[⑥]，议不听衣金银锦绣；虽立此制，竟不施行。）阜财里内有开善寺，京兆人韦英宅也。（英早卒，其妻梁氏不治丧而嫁，更纳河内人向子集为夫。虽云改嫁，仍居英宅。英闻梁氏嫁，白日来归，乘马将数人至于庭前，呼曰：“阿梁，卿忘我也！”子集惊怖，张弓射之，应弦而倒，即变为桃人，所骑之马，亦变为茅马。从者数人，尽化为蒲人。梁氏惶惧，舍宅为寺。南阳人侯庆，有铜像一躯，可高丈余。庆有牛一头，拟为金色，遇急事，遂以牛他用之。经二年，庆妻马氏，忽梦此

---

① 春醪：即春酒也。

② 靓妆：指脂粉之妆饰也。

③ 缇衣：用赤黄色的帛布做衣服。

④ 五味八珍：五味，酸、苦、辛、咸、甘。八珍，淳熬、淳母、炮豚、炮牂、捣珍、渍、熬、肝膋。或说八珍为龙肝、凤髓、豹胎、鲤尾、鹗炙、猩唇、熊掌、酥酪蝉。

⑤ 仆隶毕口：奴仆们都可以吃到五味八珍等美食。

⑥ 僭：越制也。

像谓之曰："卿夫妇负我金色，久而不偿，今取卿儿丑多以偿金色。"马氏悟觉，心不遑安，至晓，丑多得病而亡。庆年五十，唯有一子，悲哀之声，感于行路。丑多亡日，像自然金色，光照四邻，一里之内，咸闻香气，僧俗长幼，皆来观睹。尚书右仆射元慎闻里内频有怪异，遂改阜财里为齐谐[1]里也。）自延酤以西，张方沟以东，南临洛水，北达芒山，其间东西二里，南北十五里，并名为寿丘里；皇宗所居也，民间号为王子坊。（当时四海晏清，八荒率职，缥囊[2]纪庆，玉烛[3]调辰，百姓殷阜，年登俗乐。鳏寡不闻犬豕之食[4]，茕独不见牛马之衣[5]。于是帝族王侯，外戚公主，擅山海之富，居川林之饶，争修园宅，互相夸竞。崇门丰室，洞户连房，飞馆生风，重楼起雾；高台芳榭，家家而筑，花林曲池，园园而有；莫不桃李夏绿，竹柏冬青。而河间王琛最为豪首，常与高阳争衡。造文柏堂，形如徽音殿。置玉井金罐，以五色丝续为绳。妓女三百人，尽皆国色。有婢朝云，善吹篪[6]，能为团扇歌、陇上声。琛为秦州刺史，诸羌外叛，屡讨之不降。琛令朝云假为贫妪吹篪而乞。诸羌闻之，悉皆流涕。迭相谓曰："何为弃坟井，在山谷为寇也！"即相率归降。秦民语曰："快马健儿，不如老妪吹篪。"琛在秦州，多无政绩，遣使向西域求名马，远至波斯国，得千里马，号曰"追风赤骥"。次有七百里者十余匹，皆有

① 齐谐：是一本专门记载怪异事情的书。《庄子·逍遥游》："齐谐者，志怪者也。"

② 缥囊：装书的布囊。

③ 玉烛：四时合和叫玉烛。

④ 鳏寡不闻犬豕之食：谓一般贫民亦能免于挨饿。《汉书·食货志》："故贫民常衣牛马之衣，而食犬彘之食。"

⑤ 茕独不见牛马之衣：牛衣，粗麻所编的衣服。此言一般贫民均能免于受冻。

⑥ 篪：亦作箎或篪，乐器名，以竹为之。

名字。以银为槽，金为锁环，诸王服其豪富。琛常语人云："晋室石崇乃是庶姓，犹能雉头狐掖[①]，画卵雕薪[②]；况我大魏天王，不为华侈！"造迎风馆于后园，窗户之上，列钱青琐，玉凤衔铃，金龙吐佩，素柰朱李，枝条入檐，伎女楼上，坐而摘食。琛常会宗室，陈诸宝器，金瓶银瓮百余口，瓯檠[③]盘盒称是。自余酒器，有水晶钵、玛瑙杯、琉璃碗、赤玉卮数十枚。作工奇妙，中土所无，皆从西域而来。又陈女乐及诸名马，复引诸王按行府库。锦罽[④]珠玑，冰罗[⑤]雾縠[⑥]，充积其内。绣缬[⑦]、䌷、绫、丝、綵、越葛[⑧]、钱、绢等，不可数计。琛忽谓章武王融曰："不恨我不见石崇，恨石崇不见我！"融立性贪暴，志欲无限，见之惋叹，不觉生疾。还家卧三日不起。江阳王继来省疾[⑨]，谓曰："卿之财产，应得抗衡，何为叹羡以至于此？"融曰："常谓高阳一人，宝货多融；谁知河间，瞻之在前！"继笑曰："卿欲作袁术之在淮南，不知世间复有刘备也[⑩]！"融乃蹶起，置酒作乐。于时国家殷富，

---

① 雉头狐掖：雉头之毛，光彩夺目；狐腋之皮，细厚轻暖；二者产量均少，集以制裘，特别名贵。

② 画卵雕薪：在蛋上面画美丽的图案，然后煮食，在柴薪上雕刻精致的花纹，然后烧焚。此极言其豪奢浪费也。

③ 檠：有脚的器皿叫作檠。

④ 罽：西胡之毳布也。

⑤ 冰罗：言罗布之洁白如冰也。

⑥ 雾縠：言绉纱之细如雾也。

⑦ 绣缬：刺有五彩花纹的丝布。

⑧ 越葛：用葛织成的布，因产在南方，所以叫越葛。

⑨ 省疾：探病。

⑩ 不知世间复有刘备也：言其孤陋寡闻也。《后汉书·吕布传》："刘备领徐州，居下邳，与袁术相拒于淮上，术欲引布击备，乃与布书曰……术生年以来，不闻天下有刘备。"

库藏盈溢，钱绢露积于廊者，不可较数[1]。及太后赐百官绢，任意自取，朝臣莫不称力而去。唯融与陈留侯李崇负绢过任[2]，蹶倒伤踝。太后即不与之，令其空出，时人笑焉。侍中崔光止取两匹，太后问曰："侍中何少？"对曰："臣有两手，唯堪两匹，所获多矣。"朝贵服其清廉。经河阴之役，诸元歼尽，王侯第宅，多题为寺。）寿丘里闾，列刹相望，祇洹郁起，宝塔高凌。四月初八日，京师士女，多至河间寺。观其廊庑绮丽，无不叹息；以为蓬莱仙室，亦不是过。入其后园，见沟渎蹇产[3]，石磴嶕峣[4]，朱荷出池，绿萍浮水，飞梁跨阁，高树出云，咸皆唧唧[5]；虽梁王兔苑，想之不如也。

【赏鉴】

法云寺是《洛阳伽蓝记》中写得最热闹的一篇。杨衒之在此充分运用"正文、子注"这种体例的活泼性，把洛阳社会蓬勃的生命力表现出来。

首先我们看到"佛殿僧房，皆为胡饰"的字眼时，应该会莞尔一笑。佛教本来就是由国外传入，杨衒之却反过来说法云寺的佛殿僧房皆为"胡饰"。可见在杨衒之之前，佛像的中国化应该相当深，突然见到"真身"，却反过来称之为"胡饰"了。由此可以再度印证，

---

① 较数：较通"校"。较数，计算也。
② 过任：超过能力所能胜任的重量。
③ 蹇产：弯曲也。
④ 嶕峣：山势高耸的样子。
⑤ 唧唧：赞叹之声。

洛阳人士强烈的文化感。

接着杨衒之带我们走入“周回八里”的洛阳大市。这个大市的面积，恰恰等于东晋时的建筑宫城，我们可以由此想象北魏的气魄。就像宣阳门南的四馆四里一般，事实上当时北魏和“东夷”“北夷”的交往并不密切，但是北魏既以泱泱中原大国自居，其规划之际，就有笼罩四方的百年大计。

由通商达货里的刘宝，我们可以想象北魏的经济活动必定相当兴隆。

田僧超和崔延伯一段写得甚感人。崔延伯《魏书》有传，但是田僧超事迹未见载录。这是《魏书》为体例所限，无法容纳奇特行为的小人物。但是一个社会的生命力，往往有赖于这些小人物事迹的累积。《洛阳伽蓝记》的体例，大则可以论国之兴亡，小则可以记市井逸闻，所以田僧超也赖杨衒之而留名史籍了。

接着又记载了刘白堕的春醪，孙岩的狐妻，以及韦英和侯庆的故事。这些都充分反映出洛阳市民生活的真实面貌。然后笔势又移到王子坊，对贵族王侯生活进行描写。一篇法云寺，几乎写遍了洛阳社会各个阶层人士的生活，却又有条不紊，脉络清楚。最后杨衒之又用“经河阴之役，诸元歼尽，王侯第宅，多题为寺”，将前面种种热闹繁华收拾殆尽，再次呼应永宁寺的主题。